佛山市人文和社科研究丛书编委会
FOSHANSHI RENWEN HE SHEKE YANJIU CONGSHU BIANWEIHUI

顾　　问：郭文海
主　　任：邓　翔
副 主 任：温俊勇　曾凡胜
编　　委：（按姓氏笔画顺序）
　　　　　邓　辉　申小红　许　锋
　　　　　李自国　李若岚　李婉霞
　　　　　陈万里　陈丽仪　吴新奇
　　　　　聂　莲　曹嘉欣　淦述卫
　　　　　曾令霞

中共佛山市委宣传部
佛山市社会科学界联合会　主编

佛山市人文和社科研究丛书
FOSHANSHI RENWEN HE SHEKE YANJIU CONGSHU

佛山幼儿教育实践与探索
——佛山市机关幼儿园愉快园本课程建设

FOSHAN YOUER JIAOYU SHIJIAN YU TANSUO
——FOSHANSHI JIGUAN YOUERYUAN YUKUAI YUANBEN KECHENG JIANSHE

聂 莲 主编

中山大学出版社
SUN YAT-SEN UNIVERSITY PRESS
·广州·

版权所有 翻印必究

图书在版编目（CIP）数据

佛山幼儿教育实践与探索：佛山市机关幼儿园愉快园本课程建设/聂莲主编. —广州：中山大学出版社，2018.10

（佛山市人文和社科研究丛书）

ISBN 978 - 7 - 306 - 06434 - 9

Ⅰ. ①佛… Ⅱ. ①聂… Ⅲ. ①幼儿教育—研究—佛山 Ⅳ. ①G61

中国版本图书馆 CIP 数据核字（2018）第 206892 号

出 版 人：王天琪
策划编辑：赵 婷 李海东
责任编辑：赵 婷
封面设计：方楚娟
责任校对：曾育林
责任技编：何雅涛
出版发行：中山大学出版社
电　　话：编辑部 020 - 84110771，84113349，84111997，84110779
　　　　　发行部 020 - 84111998，84111981，84111160
地　　址：广州市新港西路 135 号
邮　　编：510275　　传　　真：020 - 84036565
网　　址：http://www.zsup.com.cn　E-mail：zdcbs@ mail.sysu.edu.cn
印 刷 者：广州家联印刷有限公司
规　　格：787mm×1092mm　1/16　12.25 印张　230 千字
版次印次：2018 年 10 月第 1 版　2018 年 10 月第 1 次印刷
定　　价：45.00 元

如发现本书因印装质量影响阅读，请与出版社发行部联系调换

《佛山市人文和社科研究丛书》
出版前言

　　文化是一座城市的品格和基因，佛山是座历史传统悠久、人文气息浓郁、文化积累深厚的城市。近年来，佛山经济社会发展日新月异，岭南文化名城建设如火如荼，市、区有关部门及镇街从各自工作职能或地方发展特点出发，陆续编辑出版了一些人文社科方面的书籍及资料。但从全市层面看，尚无一套完整反映佛山历史文化和人文社科方面的研究丛书，实为佛山社会文化传承的一大憾事。为弥补这不足之处，中共佛山市委宣传部、佛山市社会科学界联合会决定联合全市社会科学研究力量，深入挖掘佛山历史文化资源，梳理佛山哲学社会科学研究成果，编辑出版《佛山市人文和社科研究丛书》，并力争将其打造成为佛山市的人文社科研究品牌和城市文化名片。

　　本套丛书的策划和编辑，主要基于以下几个方面的考虑：一是体现综合性。丛书从全市层面开展综合性研究，既彰显佛山社会经济文化综合实力，也充分展现佛山人文社科研究水平，避免了只研究单一领域或个别现象，难以形成影响力的缺憾。二是注重广泛性。丛书对佛山历史文化、名人古迹、民俗风情、非物质文化遗产和经济、政治、社会、生态等各个方面都给予关注，而佛山经济社会发展亮点、历史文化闪光点和研究空白领域更是丛书首选。三是突出本土性。丛书选题紧贴佛山实际，具有鲜明的地方特色，作者主要来自佛山本地，也适当吸收外部力量，以锻炼培养一批优秀的人文社科研究人才。四是侧重研究性。丛书严格遵守学术规范，注重学术研究的广度、深度和高度，注重理论的概括、提炼和升华，在题材、风格、构思、观点等方面多有独到之处，具备权威性、整体性、系统性和新颖性，是值得收藏或研究的好书籍。五是兼顾通俗性。丛书要求语言通俗易懂，行文简洁明了，图文并茂，条理清晰，易于传播，既可做阅读品鉴之用，也是开展对外宣传和交流的好读物。六是坚持优质性。丛书综合考虑研究进度和经费安排，本着宁缺毋滥的原则，采取成熟一本出版一本的做法，"慢工出细活"，保证研究出版的质量。七是力求系统性。每年从若干选题中精选一批进行资助出版，积沙成塔，形成规模，届时可再按历史文化、哲学社会科学、佛山典籍整理等形成系列，使丛书系列化、规模化、品牌化。八是讲究方便性。每本书，既是整套丛书的一部分，编排体例、形式风格保持一致，又独立成书，自成一体，各有风采，避免卷帙浩繁，方便携带和交流。

自 2012 年底正式启动丛书编辑工作以来，包括这一辑在内，已编撰出版五辑。每一辑书籍的编撰，编委会都要多次召开专门会议，讨论确定研究主题、编辑原则、体例标准、出版发行等事宜。经过选题报告、修改完善、专家审定、编辑校对等环节，形成每一辑的《佛山市人文和社科研究丛书》。此次第五辑《佛山市人文和社科研究丛书》包括《烟草大王简照南研究》《源流、传播与传承——佛山粤剧发展史》《佛山文苑人物传辑注》《佛山政府、企业"互联网＋"——兼论城市社区治理与服务》《陈启沅评传》《佛山幼儿教育实践与探索——佛山市机关幼儿园愉快园本课程建设》《佛山冶铸文化研究》等七本著作。通过数年的持续努力，现已初步形成了一整套覆盖佛山人文社科方方面面的研究丛书，使之成为建设佛山岭南文化名城、增强地方文化软实力的一项标志性工程。

本套丛书的编辑得到了佛山科学技术学院、广东东软学院、广州城建职业学院、佛山市博物馆、佛山市机关幼儿园等单位和全市广大人文社科工作者的大力支持，中国社会科学院首批学部委员、著名学者杨义教授欣然为丛书作总序，中山大学出版社为丛书的出版做了大量艰苦细致的工作，在此一并表示衷心的感谢，并对所有关心和支持丛书编撰工作的社会各界人士致以深深的敬意！

佛山市人文和社科研究丛书编委会
2018 年 6 月

都来了解佛山的城市自我
——《佛山市人文和社科研究丛书》总序

杨 义
（中国社会科学院首批学部委员）

大凡有文化底蕴的地方，都有它的身份、品格和精神，有它的人物、掌故和地方风物，从而在祖国文化精神总谱系中留下它独特的文化DNA。佛山作为一座朝气蓬勃而又谦逊踏实的岭南名城，自然也有它的身份、品格、精神，有它的人物、掌故、风物和文化DNA。对于佛山人而言，了解这些，就是了解他们的城市自我；对于外来人而言，了解这些，就是接触这个城市的"地气"。

佛山有"肇迹于晋，得名于唐"的说法。汉武帝派张骞通西域之后，中国始通罽宾，即今克什米尔。罽宾属于或近于佛教发祥之地，在东汉魏晋以后的数百年间，多有高僧到中原传播佛教和译经。唐玄奘西行求法，就是从罽宾进入天竺的。据清代《佛山志》，东晋时期，有罽宾国僧人航海东来传教，在广州西面的西江、北江交汇的"河之洲"季华乡结寮讲经，宣传佛教，洲岛上居民因号其地为"经堂"。东晋安帝隆安二年（398），初来僧人弟子三藏法师达毗耶舍尊者，来岛再续传法的香火，在经堂旧址上建立了塔坡寺。因而佛山经堂有对联云："自东晋卓锡季华，大启丛林，阅年最久；念西土传经上国，重兴法宇，历劫不磨。"其后故寺废弛。到了唐太宗贞观二年（628），居民在塔坡冈下辟地建屋，掘得铜佛三尊和圆顶石碑一块，碑上有"塔坡寺佛"四字，下有联语云："胜地骤开，一千年前，青山我是佛；莲花极顶，五百载后，说法起何人。"乡人认为这里是佛家之山，立石榜纪念，唐贞观二年镌刻的"佛山"石榜至今犹存。佛山的由来，因珠江冲积成沙洲，为佛僧栽下慧根，终于立下了人灵地杰的根脉。

明清以降的地方志，逐渐发展成为记录地方历史风貌的百科全书。读地方志一类文献，成为了解地方情势，启示就地方而思考"我是谁"的文化记忆遗产。毛泽东喜欢读地方志书。在战争年代，每打下一座县城，他就找县志来读。1929年打下兴国县城，获取清代续修的《瑞金县志》，他如获至宝，挑灯夜读。新中国成立后，毛泽东到各地视察、开会，总要借阅当地志书。1958年在成都会议之前，他就率先借阅《四川通志》《蜀本纪》《华阳国志》，后又要来《都江堰水利述要》《灌县志》，并在书上批、画、圈、点。他在这次成都会议上，提倡在全国编修地方志。1959年，毛泽东上庐山，就借阅民国时期吴宗慈修的《庐山志》及《庐山续志稿》。可见编纂地方人文社会科学文献，是使人明白"我从何而来"，"我的文化基因若何"，保留历史记忆，增加文化底蕴的重要工程。

从历史记忆可知，佛山之得名，是中外文化交流的一个亮丽的典型。它栽下的慧根，就是以自己的地理因缘和人文胸怀，得经济文化的开放风气之先。因为佛教东传，不只是一个宗教事件，同时也是开拓文化胸襟的历史事件。随同佛教而来的，是优秀的印度、波斯、中亚和希腊文化，它牵动了海上丝绸之路。诸如雕塑、绘画、音乐、美术、物产、珍宝、工艺、科技、思想、话语、逻辑、风习，各种新奇高明的思想文化形式，都借助着航船渡过瀚海，涌入佛山。佛山的眼界、知性、文藻、胸襟，为之一变，文化地位得到提升。

但是佛山胸襟的创造，既是开放的，又是立足本土的。佛山的城市地标上"无山也无佛"，山的精神和佛的慧根，已经化身千千万万，融入这里的河水及沃土。佛山的标志是供奉道教北方玄天大帝（真武）的神庙，而非佛寺，这是发人深省的。清初广东番禺人屈大均的《广东新语》卷六说："吾粤多真武宫，以南海佛山镇之祠为大，称曰祖庙。"那么为何本土道教的祖庙成了佛山的标志呢？就因为佛山为珠江水流环抱，水是它的生命线，如屈大均接着说的："南溟之水生于北极，北极为源而南溟为委，祀赤帝者以其治水之委，祀黑帝者以其司水之源也。"于是从北宋元丰年间（1078—1085）起，佛山就建祖庙，宋元以后各宗祠公众议事于此，成为联结各姓的纽带，遂称"祖庙"。祖庙附有孔庙、碑廊、园林，红墙绿瓦，亭廊嵯峨，雕梁画栋，绿荫葱茏，历数百年而逐渐成为一座规模宏大、制作精美、布局严谨、具有浓厚岭南地方特色的庙宇建筑群。

这种脚踏实地的开放胸襟，催生和推动了佛山的社会经济开发的脚步。晋唐时期的佛山，还只是依江临海的沙洲，陆地尚未成片。到了宋代，随着中原移民的大量涌入和海外贸易的兴起，珠江三角洲的进一步开发，佛山得到了进一步发展，于是有"乡之成聚，肇于汴宋"的说法。佛山邻近省城，可以分润省城的人才、文化、交通、商贸需求的便利；但它又不是省城，可以相当程度地摆脱官府权势压力和体制性条条框框的约束，有利于民间资本、技艺、实业和贸易方式的发育。珠江三角洲千里沃野，需要大量铁制的农具，因而带动了佛山的冶炼铸造业。屈大均《广东新语》卷十五说："铁莫良于广铁，……诸炉之铁冶既成，皆输佛山之埠，佛山俗善鼓铸，……诸所铸器，率以佛山为良，陶则以石湾。"生产工具的改进和省会、海外需求的刺激，又进一步带动了以桑基鱼塘为依托的缫丝纺织业。

起源于南越先民的制陶业，也在中原制陶技术的影响下，迅速发展起来了。南宋至元，中原移民把定、汝、官、哥、钧诸名窑的技艺带到佛山石湾，与石湾原有的制陶技艺相融合，在吸取名窑造型、釉色、装饰纹样的基础上，使"石湾集宋代各名窑之大成"。石湾的土，珠江的水，在佛山人手里仿佛具有了灵性，它们在南风古灶里交融裂变、天人合一，幻化出了五彩斑斓的石湾陶。清人李调元《南越笔记》卷六记载："南海之石湾善陶。凡广州陶器，皆出石湾，尤精缸瓦。其为金鱼大缸者，两两相合。出火则俯者为阳，仰者为阴。阴所盛则水浊，阳所盛则水清。试之尽然。谚曰'石湾缸瓦，胜于天下。'"李调元是清乾嘉年间的四川人，晚年著述自娱，这也取材于《广东新语》。水下考古曾在西沙沉没的古代商船中发现许多宋代石湾陶瓷。在东至日本朝鲜、西至西亚的阿曼和东非的坦桑尼亚等地，也有不少石湾陶瓷出土。自明代起，石湾的艺术陶塑、建筑园林陶瓷、手工业用陶器不断输出国外，尤其是园林建筑陶瓷，极受东南亚人民的欢迎。东南亚各国如泰国、越南、新加坡、马来西亚、印度尼西亚等地的出土文物中，石湾陶瓷屡见不鲜。至今在东南亚各地以及香港、澳门、台湾地区庙宇寺院屋檐瓦脊上，完整保留有石湾制造的瓦脊就有近百条之多，建筑饰品更是难以计其数。石湾陶凭借佛山通江达海的交通条件和活跃的海外贸易，走出了国门，创造了"石湾瓦，甲天下"的辉煌。石湾陶瓷史，堪称一部浓缩的佛山文化发展史，也是一部精华版的岭南文化发展史：南粤文化是其底色，中原文化是其彩釉，而外来文化有如海风拂拂，引起了令人惊艳的"窑变"。

佛山真正名扬四海，还因其在明清时期演绎的工商兴市的传奇。明清时期的佛山，城市空间不断拓展，商业空前繁荣，由三墟六市一跃而为二十七铺。佛山的纺织、铸造、陶瓷三大支柱产业，都进入了繁荣昌盛的发展阶段。名商巨贾、名工巧匠、文人士子、贩夫走卒，五方辐辏，汇聚佛山。或借助产业与资本的运作，富甲一方，造福乡梓；或潜心学艺、精益求精，也可创业自强。于是，佛山有了发迹南洋的粤商，有了十八省行商会馆，有了古洛学社和佛山书院，有了诸如铸铁中心、南国丝都、南国陶都、广东银行、工艺美术之乡、民间艺术之乡、中成药之乡、粤剧之乡、武术之乡、美食之乡等让人艳羡的美名，有了陈太吉的酒、源吉林的茶、琼花会馆的戏……百业竞秀、名品荟萃，可见街市之繁华。乡人自豪地宣称："佛山一埠，为天下重镇，工艺之目，咸萃于此。"外地游客也盛赞："商贾丛集，阛阓殷厚，冲天招牌，较京师尤大，万家灯火，百货充盈，省垣不及也。"清道光十年（1830）佛山人口据说已近六十万，成为"广南一大都会"，与汉口、景德镇、朱仙镇并称"天下四大镇"，甚至与苏州、汉口、北京共享"天下四大聚"之美誉，即清人刘献廷《广阳杂记》卷四所云："天下有四聚，北则京师，南则佛山，东则苏州，西则汉口。"佛山既非政治中心，亦非军事重镇，它的崛起打破了"郡县城市"的旧模式，开启了中国传统工商城市发展的新途径。它以"工商成市"的模式，丰富了中国城市学的内涵。

近现代的佛山，曾经遭遇过由于交通路线改变，地理优势丧失、经济环境变化的困扰。但是，佛山并没有步同列四大名镇的朱仙镇一蹶不振的后尘，而是在艰难中励志探索，始终没有松懈发展的原动力，在日渐深化的程度上实行现代转型。改革开放以来，佛山又演绎了经济学家津津乐道的"顺德模式"和"南海模式"。前者是一种以集体经济为主、骨干企业为主、工业为主的经济发展方式。借助这种模式，顺德于20世纪80年代完成了从农业社会到初始化工业社会的过渡，完善了有利于科学发展的体制机制，诞生了顺德家电的"四大花旦"——美的、科龙、华宝、万家乐。后者是以草根经济为基础，按照"三大产业齐发展，五个层次一齐上"的方针，调动县、镇、村、组、户各方面的积极性和社会资源，形成中小企业满天星斗的局面。上述两种模式衍生了佛山集群发展的制造基地、各显神通的专业市场、驰名中外的佛山品牌、享誉全国的民营经济。

佛山在自晋至唐的得名过程中埋下了文化精神的基因，又在现代产业经济发展中，培育和彰显一种敢为人先、崇文务实、通济和谐的佛山精神。这种文化基因和文化精神，使佛山人得近代风气之先，走出了一批影响卓著的名人：从民族资本家陈启沅到公车上书的康有为，从"近代科学先驱"邹伯奇到"铁路之父"詹天佑，从"岭南诗宗"孙蕡到"我佛山人"吴趼人，从睁眼看世界的梁廷枏到出使西国的张荫桓，从岭南雄狮黄飞鸿到好莱坞功夫巨星李小龙。在现代工商发展方式上也多有创造，从工商巨镇到家电之都，从"三来一补"到经济体制改革，从专业镇建设到大部制改革，从简镇强权到创新型城市建设，百年佛山人在政治、经济、文化领域引领风骚，演绎了一个个岭南传奇。佛山适时地开发了位于中国最具经济实力和发展活力之一的珠江三角洲腹地，位于亚太经济发展活跃的东亚及东南亚的交汇处的地理位置优势,由古代四大名镇之一转型为中国的改革先锋。

佛山人生生不息、与时俱进的创造力,蕴含着深厚的文化血脉和丰富的文化启示,值得进行系统的梳理和深层次的阐释。当代的佛山人,在默默发家致富、务实兴市的同时,应该自觉地了解生于斯、长于斯的这个城市的"自我",总结这个城市发展的风风雨雨、潮起潮落的足迹,以佛山曾是文献之邦、人文渊薮的传统,来充实自己的人文情怀,提高"佛山之梦"的境界。佛山人也有梦,一百年前"我佛山人"吴趼人在《南方报》上连载过一部《新石头记》,写贾宝玉重入凡世乃是晚清社会,他不满于晚清种种奇怪不平之事,后来偶然误入"文明境界",目睹境内先进的科技、优良的制度,不胜唏嘘。他呼唤"真正能自由的国民,必要人人能有了自治的能力,能守社会上的规则,能明法律上的界线,才可以说自由";而那种"野蛮的自由",只是薛蟠要去的地方。这些佛山文化遗产,是佛山人应该重新唤回记忆,重新加以阐释的。

"我佛山人"是我研究小说史时所熟悉的。我曾到过佛山,与佛山人交流过读书的乐趣和体会,佛山的文化魅力和经济成就也让我感动。略有遗憾的是,当我想深入追踪佛山的历史身份、品味和文化 DNA 时,图书馆和书店里除了旅游手册之类,竟难以找到有丰厚文化底蕴的新读物。"崇文"的佛山,究竟隐藏在繁华都市的何方?"喧嚣"的佛山,可曾还有一方人文的净土?我困惑着,也寻觅着。如今这套《佛山市人文和社科研究丛书》,当可满足我的精神饥渴。它涵盖了佛山的方方面面,政治、经济、文化、历史、人文、地理、城市、人物、事件、时空交错、经纬纵横,一如古镇佛山,繁华而不喧嚣,富有而不夸耀;也如当代佛山,美丽而不失内秀,从容而颇具大气。只要你开卷展读,定会感受到佛山气息,迎面而来;佛山味道,沁人心脾;佛山故事,让人陶醉;佛山人物,让人钦佩;佛山经验,引人深思;佛山传奇,催人奋进。当你游览祖庙圣域、南风古灶、梁园古宅之后,从容体味这些讲述佛山文化的书籍,自会感到精神充实,畅想着佛山的过去、当下和未来。我有一个愿望,这套丛书不止于三四本,而应该是上十本、上百本,因为佛山的智慧和传奇,还在书写着新的篇章,佛山是一部读不完的大书。佛山,又名禅城。佛山于我们,是参不透的禅。这套丛书可以使我们驻足沉思,时有顿悟!

我喜欢谈论人文地理,近来尤其关注包括佛山在内的南中国海历史文化。但是对于佛山,充其量只是走马观花、浮光掠影,爱之有加,知之有限。聊作数言,权作观感,是为序。

2014 年 2 月 9 日

序

在我的脑海里，幼儿园是一个多姿多彩的儿童天地，那里充满着朝气，萦绕着欢乐，佛山市机关幼儿园也正是这样一个快乐的儿童世界。看到聂莲园长捧来的书稿，我顿生感触。佛山市机关幼儿园作为一个办园历史悠久的园所，能够旗帜鲜明、排除万难，坚持正确的教育观念，并在不断变革的世界中推陈出新，充分发挥出自身的优势与特色，办园成果和成效显著，发挥出良好的示范和引领作用，这是非常值得赞赏和肯定的。

儿童是每个家庭、国家和民族的未来，寄托着我们无尽的希望，以聂莲园长为首的佛山市机关幼儿园全体教职员工能把这种希望转化成责任，用忠诚的事业之心和虔信的专业态度秉持对儿童的这份爱和尊重，在历经体制转变的冲击下，未改初心，坚守着这份爱的教育情怀，实属难能可贵。

因为工作关系，我跟聂莲园长的接触算是比较多的。在我眼里，她是一个视野开阔、品性高雅、富有爱心、专业能力很强的女性。30年来，她在幼儿园一线教学和管理工作中积累了丰富的经验，也曾在教育行政岗位历练多年，可以说是佛山幼儿教育行业中不可多得的人才。这本《佛山幼儿教育实践与探索》是聂莲园长和她的专业团队的一项重要成果，展现的是一幅幅孩子们生动活泼、多样化和个性化发展的生活图景。生活化、游戏化是现代学前教育的基本走向，是儿童教育向个体发展的自然回归，尊重儿童就应该从儿童的角度去思考，从儿童的角度去看待这个世界。教育是要顺其自然，保护儿童的天性，拓展儿童自由创造的想象空间，允许他们多点时间去玩，而不是无休止的兴趣班和满当当的技能训练。相信通过这本著作的出版，佛山市机关幼儿园的教育模式会得到进一步的推广和借鉴，这也是我所欣赏和期待的。

麦洁华写于佛山

2018年6月

前　　言

佛山地处珠江三角洲腹地，千年古镇，人杰地灵，经济、文化、教育的发展走在全国前列。2008年以来，佛山学前教育实现了办学体制转型，公益普惠性幼儿园和等级幼儿园数量逐年增加，学前教育补贴经费不断提高，全市各镇（街）建成1所以上规范化公办幼儿园，全面消除无证幼儿园。到2013年底，广东省政府和佛山市政府制定的学前教育三年行动计划中的20多个主要工作项目均按进度完成，幼儿入园率长期保持在99%以上，学前教育普及率已达到发达国家的水平，圆满地完成了第一个学前教育三年行动计划的任务。① 在佛山市人民政府的领导下，各级教育行政部门通过项目推动和专业引领，极大地促进了幼儿园硬、软件建设，全市的学前教育逐步走向内涵建设发展之路。根据《3～6岁儿童学习与发展指南》和《广东省幼儿园一日活动指引》，佛山市各幼儿园在文化塑造、课程环境资源打造和园本课程建设等方面大胆探索、积极实践，努力地推动着佛山市学前教育的现代化发展。在这其中，佛山市机关幼儿园始终坚持与全市的学前教育事业共进步、同发展。

走进佛山市机关幼儿园，面向绿地跑道的尽头，一幅遒劲有力的大字"快乐的儿童世界"（图1）映入眼帘，与宽阔的运动场相映生辉，想必当年时任广东省省长卢瑞华在泼墨挥毫时，映入他心底的定是幼

图1　时任广东省省长卢瑞华题词

---

① 参见佛山市教育科学研究所《佛山市教育发展蓝皮书——佛山市教育改革发展研究报告（2008—2013）》，广东教育出版社2013年版，第46～58页。

儿园的孩子们活泼稚气、快乐无比的玩耍场面。在佛山市机关幼儿园，孩子们的欢乐与春天里向上生长的大榕树融为了一体。

　　快乐属于童年、属于儿童，玩是他们满足生长需要的动力，是完善其能力发展的源泉，也是幼儿园开展愉快课程的注脚。2010年《国务院关于当前发展学前教育的若干意见》中明确指出：学前教育应遵循幼儿身心发展规律，面向全体幼儿，关注个体差异，坚持以游戏为基本活动，保教结合，寓教于乐，促进幼儿健康成长，为儿童创设丰富多彩的教育环境，防止和纠正幼儿园教育"小学化"的现象。佛山市机关幼儿园建园60多年来，历经了园所合并、场地变迁、体制变化及一系列的课程改革，难能可贵的是，促进儿童身心健康、和谐发展的社会担当却从未改变。自申报广东省教育科学"十二五"规划课题2012年度"强师工程"研究项目并开展"运用愉快课程促进幼儿身心和谐发展"的研究以来，佛山市机关幼儿园结合自身的愉快体育特色课程，围绕"自然·爱·悦·梦想"的办园理念，一直在努力地进行着愉快园本课程的研究和建构。

　　作为广东省教育科学"十二五"规划课题2012年度"强师工程"研究项目的重要成果，本书以"自然·爱·悦·梦想"办园理念为宗旨，以愉快体育课程为核心，积极开展符合幼儿身心发展特点的户内外环境创设研究，探索有利于促进幼儿自主发展的物质环境和精神环境的建设，同时，结合幼儿动作发展特点和佛山地域文化，整合民间手工艺课程为创意课程，形成了体育课程、环境课程、创意课程"三位一体"的愉快园本课程体系。本书尝试从幼儿园丰富的课程内容和形式中探索出一条园本课程建构和发展的经验之路。在这里要感谢领导和专家的帮助，感谢佛山市社会科学界联合会的支持，感谢佛山科学技术学院的张喜平教授和石了英副教授，也要感谢李光坤、吴婉婷、潘渝、张晓妍、罗淑莉、何珠和等同事。是他们的努力，让佛山市机关幼儿园的园本课程内容和形式、教师专业培训及其所反映出的佛山幼儿教育的一些现实情况，都毫无保留地呈现在广大读者面前。当然，本书还存在许多不足，衷心希望得到专家和广大读者的批评指正。

聂　莲
2018年6月

目 录

第一章 办园理念统领下愉快园本课程的提出与建构 … 1
  第一节 办园理念与园本课程／1
    一、办园理念的形成及其内涵／1
    二、幼儿教育课程的改革与理念／4
    三、园本课程的理论思考与初步架构／9
  第二节 愉快园本课程／14
    一、愉快园本课程的价值定位／14
    二、愉快园本课程的总目标／16
    三、愉快园本课程的主要形式／17

第二章 自然空间利用视角下的环境课程建设 ………… 28
  第一节 生态理念下的幼儿园环境建设原则／28
    一、整体性原则／29
    二、自然性原则／31
    三、儿童化原则／32
    四、可持续原则／33
  第二节 幼儿园课程文化在环境中的体现／34
    一、让"微笑"成为幼儿园的招牌／34
    二、用"心"营造家文化／35
    三、充分表达情绪和情感／36
    四、让文化环境更加民主化和人文化／36
  第三节 让孩子在自然环境中获得多样化的体验／37
    一、过渡空间的充分利用／37
    二、环境设施追求个性与趣味／40
    三、环境设施功能齐全／45

第三章　身心和谐发展视角下的愉快体育课程建设 … 51

第一节　愉快体育的历史回顾与理念创新 / 51
一、佛山市机关幼儿园体育课程的历史回顾 / 51
二、愉快体育的理念创新 / 55

第二节　户外区域混龄活动的实施 / 58
一、构建愉快体育活动目标 / 59
二、器械制作与投放 / 76
三、活动组织与指导 / 79

第三节　户外区域混龄活动的价值及实施效果 / 83
一、户外区域混龄活动的价值 / 83
二、户外区域混龄活动的实施效果 / 86

第四章　非物质文化遗产传承视角下的创意课程建设 … 88

第一节　非物质文化遗产传承与创意课程的提出 / 88
一、幼儿园创意课程开发的现状 / 88
二、非物质文化遗产传承视角下的创意课程开发 / 89
三、现代儿童观视角下的创意教育 / 91

第二节　创意课程的目标与安排 / 92
一、创意课程总目标 / 92
二、各单项课程目标及课程安排 / 93

第三节　创意课程的实践成果 / 101
一、环境创设与文化熏陶 / 101
二、投放各种材料，促进幼儿动手操作 / 102
三、通过观察记录与反思加强课程活动的指导 / 103

第四节　教师、家长对创意活动的感悟（节选）/ 107

第五章　幼儿教师专业发展实践 …… 110

第一节　幼儿教师的定位及其专业化发展 / 110
一、幼儿教师的角色与定位 / 110
二、幼儿教师的专业化 / 114

第二节　教师园本培训实践 / 122
一、教师培训的"塔式"转变 / 123
二、教师培训中的"三个引领" / 131

第三节　幼儿教师专业成长案例／141
　　　一、花香正浓——专业的领路人／141
　　　二、童心童梦——名师的成长／143
　　　三、一缕阳光——男教师的宣言／145

结束语 147

参考文献 150

附　录 152
　　附录1　家长对幼儿园课程（活动）的感言（节选）／152
　　附录2　小学对佛山市机关幼儿园毕业生发展情况的评价
　　　　　（节选）／159
　　附录3　佛山幼儿教育现状调查报告／162

第一章 办园理念统领下愉快园本课程的提出与建构

办园理念是幼儿园文化的灵魂和支撑，它涵盖教育的价值，体现教育的目的和归宿，包含教育者的理解和情怀，成为幼儿园教育教学实践和园本课程建设的引领。

第一节 办园理念与园本课程

一、办园理念的形成及其内涵

佛山市机关幼儿园创办于1954年，园址坐落在具有浓厚文化底蕴的陶都佛山禅城。作为一所具有60多年办园历程的老幼儿园，佛山市机关幼儿园在办园的过程中，经历了几次分、合、并、转的变迁，全园占地面积12012.6平方米，其中，户外活动面积4330平方米。园内花草繁茂，鸟语花香，经过历届园长的努力和文化的传承，幼儿园被打造成为一个充满童真与快乐的儿童世界，所积淀的文化内涵也使幼儿园成为本区域群众心目中的品牌。

在佛山市机关幼儿园今天的园址上，绝对想不到这是当初先辈们炸开的几座碉堡改建而成的粤中区党委日托和行署全托的发源地。在20世纪80年代前的幼儿园课程改革中，幼儿园虽然条件有限，但前辈们始终把幼儿体育作为幼儿园课程的核心。历经改革开放后巨大的时代变迁，幼儿体育这一特色课程也在幼儿园课程改革过程中历久弥新。

进入20世纪90年代以来，国内幼儿园课程改革进入拓展和深化阶段。自20世纪80年代末《幼儿园工作规程（试行）》颁布以后，全国幼儿园课程历经20年改革。正是这20年，中国的学前教育得到了前所未有的发展。最关键的是儿童教育观的进步。而佛山市机关幼儿园的教育改革也源于对这20年来的教育实践思考。随着《幼儿园工作规程（试行）》的实施，幼儿园课程改革从思想上跨越了课程"分"与"合"具体操作层面上的讨论，从现代幼儿园教育的理念出发，阐明了幼儿保育和教育的目标，提出了幼儿园教育的基本原则，在成千上万的幼儿园教育实践者头脑中植入了现代学前教育的基本理念，打开了幼儿园课程多样化的局面。继而，《幼儿园教育指导纲要（试行）》的出台与推行，使幼儿园课程改革进一步成为幼儿园教育改革的热点问题。课程改革在全国各地如火如荼地展开，进入高潮期。如主题教育、方案教学、分区教学等多种课程形式并存，教育评价从重结果转向重过程，教学游戏化的观点被大家所认同。而此时期的佛山市机关幼儿园虽陷入转制后自收自支的艰难挣扎之中，但也在拼尽全力坚持以责任和担当立园、以传承体育为特色的办园方向，愉快体育课程得到了坚持和发展，办园文化和办园内涵得到了进一步的丰富与提升。为了解决愉快体育特色课程内容单一、缺乏课程理念统领的园本课程建设问题，2010年，结合《幼儿园教育指导纲要（试行）》所提出的学前教育课程观以及儿童内部经验建构的心理学依据，佛山市机关幼儿园在愉快体育特色课程的基础上正式提出"自然·爱·悦·梦想"的办园理念。

"自然·爱·悦·梦想"的幼儿园教育理念，是建立在尊重幼儿身体、心理发展的自然规律基础上的。我们的目的是通过愉快课程的实施，培养健康、快乐、有创新精神的孩子。最重要的就是在儿童爱幻想、爱做梦的时期赋予孩子一个快乐的、五彩缤纷的梦。这个梦就是儿童心灵深处一颗需要呵护、需要唤醒、也需要坚守的种子和信念。

"自然"是儿童生长的基础，身体、心灵的生长来自自然（规律），只有经过自然润泽，儿童才能完好地保有其真、善、美的天性，并最终成长为一个有着朝气和灵性的生命体。这里的"自然"有两层意思：一是物质层面的，指自然环境、社会环境、校园环境、家庭环境等；二是心理或精神层面的，指校园文化环境、班级文化环境、师生关系、同伴关系和亲子关系等。

"爱"是儿童生长过程中不可或缺的精神营养，大爱爱国家、小爱爱自己，爱能让儿童的生命尽情地舒张，让灵性得以生长，让理想成为现实；有爱的儿童才有喜和乐。

"悦"则是喜悦、悦纳的意思，以包容、接纳、愉悦、欣赏的心态悦纳别人、悦纳自己，充满信心、乐观地迎接困难和挑战，这不仅反映在学习过程中，也是学习的目的和结果。

"梦想"是心灵世界的阳光，有梦想才会有希望，有梦想才会有接受挑战、克服困难、不断成长的期待和渴望，梦想是一个人最高的信念，对儿童来说，一句鼓励的话、一个赞许的眼神，都有可能让他获得一次有创造性的体验。

用符合儿童认识发展的方式去学习其应该学习的内容，这是愉快的。同时，我们更要克服浅薄的、只注重表面形式的愉快学习，而是去追求深层次的愉快学习经验。在儿童学习的过程中，他们必定会遭遇挫折和困难，会犯错误，只有敢于面对挫折、正视错误、克服困难，才能获得一次次的自我超越。

"自然·爱·悦·梦想"的办园理念一经提出，就成为指导佛山市机关幼儿园课程改革的统领。我们尝试通过各种成果和经验总结的机会提升幼儿园的园本课程内涵。参与广东省"幼儿素质教育活动操作材料"系列《游戏、娱乐、运动》、广东省幼教实践研究成果《幼儿成长课程——健康》和天津教育出版社出版的《幼儿创意小宝典——手影》等幼儿操作用书制作，我们获得了建构园本课程的一些思路和经验。特别是以市级重点课题研究成果"运用愉快体育促进幼儿身心和谐发展"申报广东省中小学教育创新成果奖并获二等奖后，园本课程建构的思路逐渐清晰起来，更好地解决了特色课程单一化问题，更深入地挖掘了"自然·爱·悦·梦想"办园理念的内涵和价值，为建构园本课程提供了框架和方案。

此外，在办园理念形成的过程中，我们不断更新教师的儿童观和教育观。教师通过对现代教育理论的不断学习与实践，逐步掌握了适宜于幼儿园现实条件并支撑办园理念的心理学和教育学理论。幼儿园丰富多样的自然环境资源和传承下来的体育特色课程，让我们更加笃信自然成长的力量，对崇尚自然主义教育的法国思想家、教育家让-雅克·卢梭（Jean-Jacques Rousseau）所提出的儿童教育思想产生极大的共鸣。卢梭认为，必须锻炼儿童的身体、器官、感觉和体力（内容）；要爱护儿童，帮他们做游戏（方式），使他们快乐，培养他们可爱的本能（目的）。这些教育思想在今天看来，具有深刻的影响力。卢梭之后，现代美国教育家约翰·杜威（John Dewey）通过一系列的办学实践，对其自然主义教育思想进行了拓展，提出了"教育即生长、教育即生活、教育即经验连续不断的改造"的进步主义思想，解决了自然主义教育思想实践层面操作上的问题。杜威的教育思想为佛山市机关幼儿园的课程实践提供了宽广的视角。而日本教育家佐藤学（Manabu Sato）的理念则为佛山市机关幼儿园整体的课程建设产生了更加全面和深刻的影响。佐藤学的学习理论将学习阐述为"构筑世界""构筑自身""构筑伙伴"三位一体的对话性实践——与客体对话、与自己对话、与他人对话。通过与客体的对话，对客观的具体事物进行观察、实验和操作，运用概念和符号建构客体的意义世界；通过与自己的对话，运用语言这一认知工具，建构客观世界的意义；通过与他人的对话，建构人际关系的社会性、政治性实践。这三种实践在关系上互为中介、彼此作用，不仅形成了对客观世界的深刻认识和体悟，也丰富地建构了自身，同时又能建构自己与他人的关系。学习虽是从个体出发又归结为个体，却是在个体与个体的碰撞中形成的"合作性实践"。从这个意义上讲，儿童的学习是以人际沟通中的"模仿"为基础来进行的，学习即"模仿"，而实际上，模仿与创造密不可分，二者在学习的实践中构成一种螺旋上升的图景。与客体对话、与他人对话、与自己对话，通过对话不断自我完善，走向圆满，这既反映出学习的个体化意义，也体现出学习者饱含信念与渴望的目的和追求。不得不说，这些教育思想不仅有力提升了佛山市机关幼儿园师资的执教理念和教学水平，更指导和推动了幼儿园系列课程改革的实质性展开。

二、幼儿教育课程的改革与理念

（一）幼儿教育课程改革的几个阶段

选择了一种理念，就有对应这种理念的课程方案。例如，蒙台梭利的教育理念以及蒙氏教学法、皮亚杰的建构主义理论及其相对应的"高瞻课程"、布卢姆的教学目标分类课程设计、加德纳的多元智能课程设计等。改革开放40年来，中国从东到西、从南到北，从城市到乡村，各种各样的课程内容充斥于幼儿教育实践过程中。按改革进展，幼儿教育课程改革主要分为以下四个阶段。

起步阶段（1978—1988年）。这一阶段主要以《幼儿园教育纲要（试行草案）》作为指导性文件，提出幼儿教育是社会主义教育事业的组成部分，教育的任务是向幼儿进行体、智、德、美全面发展的教育，为入小学打好基础，把生活卫生习惯、体育活动、思想品德、语言、常识、计算、音乐、美术八个方面作为教育的内容，主要采取分科教学的方式，学科之间互不联系。由于内容规定太具体，逐渐出现单科教学内容过高过深、限制孩子发展空间的问题。为此，各幼儿园出现了"综合主题教育"实验，即在分科教学中采取多种活动形式，或根据时令、季节等特殊需要选择某些重要的中心主题。然而，这种改革只定位于课程的结构上，并未改变传统课程的本质，也没有触及幼儿园教学过程中普遍存在的"教师中心、教材中心和上课中心"的成人化、小学化取向。

拓展阶段（1989—2000年）。1989年6月国家教育委员会颁布了《幼儿园工作规程（试行）》，针对前一阶段在幼儿园教育实践中普遍存在的成人化和小学化倾向，强调幼儿园课程要完成"从单纯的知识灌输、技能训练,到培养能力、发展智力,进而研究幼儿各方面的协调发展;从注重考虑教师如何教,到研究幼儿在教育中如何从被动受教育到主动发展"(陈巧兰、朱慕菊,1990)。以《幼儿园工作规程(试行)》为旗帜的幼儿园课程改革高屋建瓴,它不是直接指向课程内容之间的"分"或"合"等具体操作层面上的问题,而是从幼儿园教育理念出发,阐明了幼儿保育和教育的目标,提出了幼儿园教育的基本原则,在成千上万的幼儿园教育实践者头脑中植入了现代学前教育的基本理念。此阶段打开了幼儿园课程多样化的局面,源自西方幼儿园课程组织形式的分区教学受到国内许多幼儿园的青睐和借鉴。

深化阶段(2001—2009年)。为了进一步深化幼儿园教育改革,全面落实《幼儿园工作规程(试行)》所提出的保育教育目标和原则,教育部于2001年颁布了《幼儿园教育指导纲要(试行)》。《幼儿园教育指导纲要(试行)》是《幼儿园工作规程(试行)》的进一步细化和深化,它把幼儿园的教育内容分为健康、语言、社会、科学、艺术五大领域,并分别阐述了各大领域的目标,以期教师能通过环境结构和指导活动来影响幼儿的内部建构教育要求和指导要点,使幼儿获得被期望掌握的经验。《幼儿园教育指导纲要(试行)》的出台与推行,使幼儿园课程改革进一步成为幼儿园教育改革的热点问题。这一时期的幼儿教育受到社会各界和政府的重视,课程改革在全国各地如火如荼地展开,主题教育、方案教学、分区教学等多种课程形式并存。教育评价从重结果转向重过程,教学游戏化的观点被大家所认同,但也出现了由于学科教学被弱化,导致教学的有效性低的问题。而且,此阶段幼儿教育空前发展,幼儿园课程规范和师资问题也突显出来。

完善阶段(2010年至今)。2010年开始,教育部相继出台了《国家中长期教育改革发展规划纲要(2010—2020)》《国务院关于当前发展学前教育三年的若干意见》《3～6岁儿童学习与发展指南》三个文件。《3～6岁儿童学习与发展指南》明确规定了学前儿童的学习内容和学习方式,对当前幼儿教育中存在的课程内容混乱、课程目标不清晰和操作性不强等问题提供了明确的指导。改革开放以来,国内幼儿园课程改革的历程表明幼儿园课程逐渐从儿童学习取向朝着成长取向转变,但由于教师观念、师资结构等种种问题的存在,幼儿园课程改革出现了艰难与徘徊的迹象,这也说明现阶段的幼儿园课程改革还需继续深入,而且许多结构性的问题已是迫在眉睫,到了非改不可的时候。

经历了《幼儿园教育指导纲要(试行)》10多年的改革,以及《3～6岁儿童学习与发展指南》颁布后两期学前教育三年行动计划的实施。教师的幼儿教育观念已经发生了巨大的转变,过去以教师"教"为前提的"教师、教材、教学"已逐渐转变为以幼儿"学"为基础的"儿童、活动、游戏"新的观念。2001年以后,国内的学前教育理论学者对中国学前教育改革20年后的成果、经验、问题进行了广泛的总结、交流和讨论。北京师范大学刘焱和冯晓霞(2005)指出,中国20年学前教育改革主要是教育理念方面的改革,普及了以下几个理念:①尊重儿童;②活动教学;③因材施教;④在游戏中学习。这四项内容里既含有儒家文化(因材施教),也掺杂了苏联文化(尊重儿童),更融合了美国幼教文化(活动教学、在游戏中学习)的因素。这种由各类文化因素组合而成的幼教文化形成中国学前教育独特的"文化景观",正如幼儿教育专家朱家雄教授所说:"学前教育改革是一场深刻的教育变革,文化变革是这场变革的实质。"[①]对于学前教育实践者们来说,学前教育改革是一场从观念到行为的文化重构,从课程文化到课程环境、从课程内容到活动形式,无不反映出这样的变化规律。经过两期学前教育三年行动计划之后,佛山幼儿教育朝着两个方面发生着深刻变化:①幼儿园环境改造反映出儿童主体性的现代儿童观;②园本课程内容体现出中国文化的特色。这不仅充分体现出课程改革的理念自觉,也体现了课程改革的文化自觉。

(二) 影响幼儿园课程改革走向的因素

幼儿园课程是幼儿在幼儿园教育环境中进行的、旨在促进其身心全面和谐发展的各种活动的总和,具体是指《幼儿园工作规程(试行)》指出的"有目的、有计划地引导幼儿生动活泼、主动活动的、多种形式的教育过程"[②]。

随着中国现代幼儿教育的发展,幼儿园课程改革的走向逐渐向儿童回归,幼儿园课程的生活取向正在部分地取代学习取向。尽管有些学者仍然认为中国目前的学前教育是学习取向的,但不可辩驳的是,2012年,教育部颁布《3~6岁儿童学习与发展指南》后,全国范围内关于该指南的培训与实践,在很大程度上对幼儿园课程建设的走向产生了深远的影响。这是课程走向的社会背景。单纯从课程理论来看,影响幼儿园课程走向的只

[①] 朱家雄:《中国视野下的学前教育》,华东师范大学出版社2007年版,第61页。
[②] 卢乐山(1991)认为,幼儿园课程是指"幼儿园整体教育或某一科目教学的内容、教学过程及时间安排等";冯晓霞(1997)认为,幼儿园课程是"幼儿在幼儿园教育环境中进行的,旨在促进其身心全面和谐发展的各种活动的总和";李季湄(1997)认为,幼儿园课程是"实现幼儿教育目的手段;是保证幼儿获得有益的学习经验,促进幼儿身心和谐发展和各种活动的总和";虞永平(2001)认为,幼儿园课程是"从幼儿身心发展的特点和特定的社会文化背景出发,有目的地选择、组织和提供的综合性的、有益的经验"。

是两个因素——教师因素和幼儿因素。

1. 教师是活动的发起人和引领者

幼儿教师是活动（课程）的发起人和引领者，这是2001年《幼儿园教育指导纲要（试行）》解读中专家所认同的观点。这与今天的自主性游戏的观点似乎有些格格不入，但这是幼儿园课程现实中不可忽略的一个重要事实。在理论层面上流行多年的课程主体之争，是我们教育体制无法理顺的问题，经历30年的学前教育改革，在教育理论上百家争鸣、兼收并蓄，在教育实践中又表现出多样化的形态。但从课程实践角度，幼儿园教育实践者作为教师角色定位于活动发起人和引领者，不论是预设活动还是生成性活动，教师的功能和作用都是显而易见的，课程的计划性、目的性也正是保证课程有效性的关键要素。过分地强调儿童生成或游戏本体只是我们对以往忽视儿童主体发展和个体需要的矫枉过正，将无益于幼儿园课程科学健康的发展。

教师作为课程活动的发起人和引领者，充分地体现出幼儿园课程的本质属性，符合《幼儿园工作规程（试行）》中所定义的"有目的、有计划地引导幼儿生动活泼、主动活动的、多种形式的教育过程"的课程实质。这也从另一个角度说明幼儿园课程不仅只是课程本身，它还是社会经济、历史文化、政治生活的整体。例如，课程要反映出社会主义核心价值观，而不是与之相背离；要反映出传统文化自信，而非一贯地宣扬西方化。诸多课程内容都体现出教师在课程中的重要角色。在佛山近几年的幼儿园课程实践中，我们就欣喜地看到许多幼儿园已经自觉地承担起传统文化课程建设的任务。龙狮、武术、陶艺、剪纸、唐诗、宋词等传统文化课程纷纷进入幼儿园，形成佛山多元、包容、独特的幼儿园课程风景。

2. 儿童是活动的主角和受益者

儿童是活动（课程）的主角。课程是为儿童的发展而存在的，这一点毋庸置疑，而且课程活动必须要让儿童受益。有害的、无益的课程不仅浪费儿童的生命和时间，还会对儿童产生不可逆的不良影响。

经过多年的探索和实践，我们认为：能帮助儿童获得发展的课程需要满足两个基本条件：一是好的内容。评判标准是能反映"真、善、美"的内容。例如，传统文学故事，只有反映了儿童真实、美好的生活经历，以及真实的生活体验，才能促进儿童的发展。二是活动的形式。对儿童来说，真、善、美的学习内容很多，但是否都适合或都要让他们理解和把握，这是值得斟酌的。这涉及课程的另一个侧面——学习的形式。有害的形式同有害的内容一样，会对儿童的发展不利。所以，评判课程的好坏，要从儿童的视角出发，遵从儿童认知发展的客观规律。

3. 家长是课程活动的影响者

家长对幼儿园课程的影响是直接而显而易见的。原因主要有两方面：首先，幼儿园课程离不开家庭，特别是在幼儿园课程走向生活化的今天，许多家长都有自己的专业所长或相应的技能，家庭在课程资源的支持上不可或缺；其次，家长的观点也会影响着幼儿园课程的建设方向。无论如何，这些因素都是幼儿园课程建设中必须处理好的问题。幼儿园课程的健康发展有赖于课程建设者对各种要素的理性把握。

（三）多元融合的课程理念

1. 基于个体发展视角的课程理念

古希腊哲学家亚里士多德（Aristotle）曾系统地论述过"和谐发展"的教育思想，他指出："教育要与人的自然发展相适应，应当遵循人的身心发展顺序。"他所说的"自然"是指与儿童年龄相关的身心特点。所以，他提出了按年龄划分受教育的阶段，以及在各个年龄阶段受教育的不同要求、组织、内容和方法等具体措施，形成了以智育、体育、美育、德育为核心内容的儿童身心和谐发展的教育理念。欧洲文艺复兴时期，捷克教育家夸美纽斯（Comenius）在批判旧学校种种弊端的基础上，提出教育应遵循自然，教育要回到最初的状况、回到起点；另外，人作为自然界的一部分，必须服从自然的法则。他提出教育的目的就是要培养身体、智慧、德行和信仰几方面和谐发展的人。他把人从出生到成年接受教育的过程分为四个时期，每个时期都应该在相应的学校里完成教育，所以教育要适应每个时期儿童的不同特点。在身心和谐发展理论进一步发展的过程中，自然教育理论在文艺复兴之后成为欧洲儿童教育的主流。德国教育家福禄贝尔（Fröbel）在卢梭（Rousseau）自然教育观的基础上提出了儿童教育要顺其自然，一是让儿童按自然那样依照其本性自由健康发展，二是要顺应儿童发展的本能和兴趣需要开展教育活动，对自然教育赋予极高的地位。新中国成立以后，我国把教育目的规定为培养德、智、体、美、劳全面发展的社会主义接班人。但随着社会的发展变化，教育体现出对人本体性的尊重，逐渐形成"体、智、德、美、劳"现代和谐发展的教育理念。

2. 基于社会发展视角的课程理念

日本教育家佐藤学改变了传统的对学习仅仅是心理学意义上单纯的大脑细胞突触联结的认识，将学习阐述为"构筑世界""构筑自身""构筑伙伴"三位一体的对话性实践，并对国内教育产生极大的影响。第一种对话性实践是同客体的对话（即与自然对话），儿童运用概念和符号，建构客体的意义世界，因而这种实践是认知客体并把它语言化地表述出来的文化性、认知性实践；第二种对话性实践是同自己对话，佐藤学认为人通过语言这一元认知工具，建构客观世界的意义，同时也建构与客观世界对峙的自身，将自身析出、解体与重建，因为这种实践是形成自我的伦理性、存在性实践；第三种对话性实践是同他人的对话，学习是通过师生关系、伙伴关系而实现的。这三种实践互为中介。与自然对话、与他人对话、与自己对话，通过对话不断自我完善，走向圆满，这既反映出学习的个体化意义，也体现出学习者饱含信念与渴望的目的和追求。

3. 基于教育政策视角的课程理念

《幼儿园工作规程（试行）》第五章"幼儿园教育"第 26 条提到："幼儿一日活动的组织应当动静交替，注重幼儿的直接感知、实际操作和亲身体验，保证幼儿愉快的、有益的自由活动。"它强调一日活动中的课程活动要符合幼儿身心发展的需要，让幼儿愉快、自由地参与活动。《幼儿园教育指导纲要（试行）》确定了"身体健康，在集体生活中情绪安定、愉快"的目标，并对幼儿的情绪健康作出描述，在"内容与要求"中提到："建立良好的师生、同伴关系，让幼儿在集体生活中感到温暖，心情愉快，形成安全感、信赖感。"《3～6 岁儿童学习与发展指南》在对"幼儿健康"的定义中，将幼儿的情绪健康作为身心健康的基本要素之一，并将幼儿情绪健康更多地归结为成人的示范、引导和抚慰，在该领域情绪目标的首条教育建议中提到："营造温暖宽松的心理环境，让幼儿形成安全感和信赖感，如：保持良好的情绪状态，以积极、愉快的情绪影响幼儿。"

三、园本课程的理论思考与初步架构

20 世纪 80 年代末，也就是在《幼儿园工作规程（试行）》颁布后，南京、上海、广州等地的一些幼儿园利用自己丰富的地域或园所资源，开始了富有特色的"园本课程"建设并取得引人注目的成果，从而推动了广大幼儿园开展园本课程建设的热潮。园本课程开发在走向多元自主发展的道路上呈现百花齐放、形态各异的特点。然而，整体上来看，园本课程的开发中存在着各种各样的问题，集中体现在以下三个方面：首先，园本课程开发模式僵化。受功利化思想的影响，国内园本课程建构中存在着盲目追赶世界潮流，生搬硬套或歪曲篡改的现象，比较典型的表现是把园本课程开发等同于编写教材、树立特色，以特色课程替代整体课程，以偏概全。其次，园本课程开发思路混乱，缺乏理论和政策依据的支撑。"眉毛胡子一把抓"，出现"拼盘式"的泛化课程，导致课程理念模糊、目标缺失、内容超载、实施方式单一、评价流于形式等。最后，园本课程开发同质化问题严重。各地幼儿园在条件千差万别的情况下，形成了几乎完全一样的幼儿教育模式，这本身就失去了园本课程开发的"园本"基础和原则，也使幼儿教师习惯于模仿而不善于创新。种种问题的存在，使得我国幼儿园园本课程开发在整体上很难体现出独特性。如何在自身实际的基础上，结合地域文化特点，形成特色园本课程，是每所幼儿园需要深入思考和不断探索的问题。

佛山市机关幼儿园的课程改革从未停止过。经过多年的探索与实践，以主题教学为纲，通过对健康、语言、社会、科学、艺术五大领域的整合，融合"自然·爱·悦·梦想"的办园理念，继承愉快体育和创意特色课程这两大本园特色课程，并在充分考虑幼儿发展水平、教师能力与兴趣和本地文化的基础上，佛山市机关幼儿园所建构的愉快园本课程是我们的最新探索成果。

（一）园本课程的价值指向

佛山市机关幼儿园愉快园本课程的价值指向包括三个方面：一是玩，二是好玩，三是学会玩。这三个方面的表述也充分反映出儿童才是游戏活动中的主角。

1. 课程的属性体现——玩

"玩"是一门学问。事实上，"玩"蕴含着兴趣、专注、想象和创造等内在的品质，对儿童的成长有极其显著的价值。活动不让儿童玩、让儿童不玩，这肯定不是一个好的教育活动。在幼儿园课程中，玩的书面化解释是"游戏"。《幼儿园教育指导纲要（试行）》和《3~6岁儿童学习与发展指南》也分别提出："游戏是幼儿的基本活动方式"，我们应"理解幼儿的学习方式和特点，要珍视游戏和生活的独特价值"。所以，遵循天性、玩出快乐、玩出梦想，这些课程要素也体现出佛山市机关幼儿园"自然·爱·悦·梦想"理念的实质。因为，它要建构的正是一种让幼儿从小就爱玩、会玩，满足幼儿自然天性的游戏化课程。

2. 课程的重要指标——好玩

让幼儿生动、活泼地发展是幼儿园教育所追求的过程和结果。所以，好玩、会玩是课程设计的基本原则。在课程的环境和课程内容设计上，要将重点放在幼儿本体性游戏的角度来考虑。充分联系自然环境、生活经验、幼儿的兴趣特点及操作的材料，让课程能玩并好玩。

3. 课程的质量标准——学会玩

为幼儿建立对经验有挑战、对情感有碰撞的课程和方法才是有效的课程。我们知道，好玩的活动有很多，如《孟母三迁》故事中小时候的孟子所玩的殡葬游戏，有幼儿园开展的"幼儿婚礼"庆典、写字、读经，等等，都可以包装上"好玩"的伪装，而事实上却是违背教育规律的。所以,光"好玩"还不够,要玩得有效、玩得科学,才能体现出玩的价值和意义。它们必须符合"真、善、美"的课程内容审议的要求,必须能促进幼儿关键经验的发展。

事实上,以上三个层次的逻辑关系是密不可分的,在现代幼儿教育观由"教"向"学"转变的进程中,让课程能玩、好玩、玩得有价值是我们构建园本课程最形象的表述。

(二)园本课程的文化基因

佛山市机关幼儿园是一所具有60多年办园历程的幼儿园,在办园的过程中,经历了几次分、合、并、转的变迁,园内不但有各个年代的建筑,也有带着各个时期固化思维的教师群体,其所体现出的教育行为与《幼儿园教育指导纲要(试行)》所要求的教育观和儿童观之间存在着现实的差距,所积淀的文化内涵也使幼儿园成为本区域群众心目中的品牌。2010年,借助商业品牌打造的理念,佛山市机关幼儿园授权有关公司,设计和发布了佛山市机关幼儿园专属视觉识别系统(VIS)。

1. 内容

通过视觉识别系统(Visual Identity System,VIS)对佛山市机关幼儿园品牌形象做了全面整体的规范。视觉识别(VI)、行为识别(BI)、理念识别(MI)三者中最直观和最容易感知的部分是视觉识别。它在对"自然·爱·悦·梦想"办园理念内涵的理解的基础上,制定和规范了幼儿园视觉识别系统的三种颜色、宣传识别的字体和图标形状及比例等,并规定一切宣传使用不得违反VIS手册规定的相关原则。

2. 效果

在环境上一改传统幼儿园的视觉形象,使环境变得整洁、简约、明亮;在教师的行为上,改变因各种教育理念和价值追求不统一而存在的控制、说教的行为模式,趋向于契合现代平等、民主教育观念下的自主、合作的师幼互动形式。

相对于其他的教育机构,幼儿园的建筑、装饰、内部设施等能让外行的人一眼就看出这是一所幼儿园,而不是小学或中学。但不止于此,要让内行人分辨得出这所幼儿园与其他幼儿园有什么不同之处,蕴含在外显建筑、场地和材料中的灵魂——园所文化,就必须得到充分的彰显。这在当前幼儿园课程"同质化""碎片化"问题严峻的情况下显得更为紧迫。这也是办园理念和办园目标确立后,如何将它落实到环境和课程中的关键点。佛山市机关幼儿园在这方面处理得比较好,故而能从众多园所当中脱颖而出。

（三）园本课程的总目标

依据《3～6岁儿童学习与发展指南》目标要求，佛山市机关幼儿园园本课程总目标如表1-1所示。

表1-1 园本课程总目标

年龄水平	目标内容
小班	1. 身体健康，在群体生活中情绪安定、愉快 2. 具有一定的平衡能力，动作协调 3. 生活、卫生习惯良好，有基本的生活自理能力 4. 愿意参加集体活动，适应群体生活 5. 能与同伴友好相处 6. 喜欢观察、欣赏大自然中的物体 7. 喜欢看艺术表演，模仿有趣的动作或声音
中班	1. 知道必要的安全、保健常识，学习保护自己 2. 喜欢参加体育活动，动作灵活 3. 主动地参加各项活动，有自信心 4. 乐意与人交往，学习互助、合作与分享 5. 会关心亲人、同伴，有同情心 6. 能初步感受和喜爱自然、社会环境中的景物 7. 尝试用自己喜欢的方式进行艺术表现活动 8. 尝试表达对艺术活动、艺术作品的认识和理解
大班	1. 身体健康，动作协调灵敏，积极参加体育活动 2. 有基本的安全和健康常识，会保护自己 3. 理解并遵守生活中基本的社会行为规则 4. 努力做好力所能及的事，不怕困难，有初步的责任感 5. 喜欢进行艺术活动并大胆表现 6. 会用自己喜欢的艺术形式表达自己的情绪和情感 7. 通过欣赏、交流、评价表达对艺术作品的认识和见解

（四）园本课程的初步架构

园本课程的建构，要求幼儿园要根据办园宗旨、师生特点、教育资源和园所环境等，确立适合本幼儿园独特的发展方向，并在此基础上建构具有自身特点的园本课程。

佛山市机关幼儿园"自然·爱·悦·梦想"办园理念的提出，实现了课程实践的文化引领，依据自然教育、进步主义教育和三位一体对话实践的观点，以及《幼儿园教育指导纲要（试行）》《3～6岁儿童学习与发展指南》的要求，在保证五大领域课程平衡的前提下，将园本课程建构的重点落在自然课程（自然环境与心理环境的创设）、爱·悦课程（幼儿身体的生长发育及规律）、梦想课程（创意——想象及创造能力的培养）三大块上（图1-1）。3～6岁是一个人身体和器官生长发育最快的时期，爱·悦课程结合儿童爱运动的天性，坚持科学合理地开展体育活动，不仅是坚持对儿童进行"本位"的教育，也是促进儿童全面发展的基础；梦想课程结合传统手工艺活动的开展，动手动脑，促进思维发展，激发儿童天性的想象力和创造力，为他们思维和能力的拓展提供多种可能性；自然课程首先是自然环境的教育，可以理解为绿色、节约、环保等教育，也可以是更深层次的人与物、人与人之间和自然和谐的关系。（图1-2）

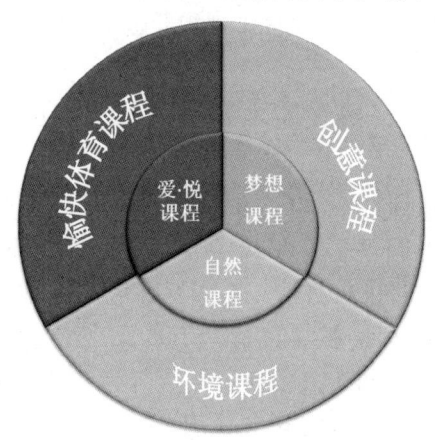

图1-1　园本课程系统结构

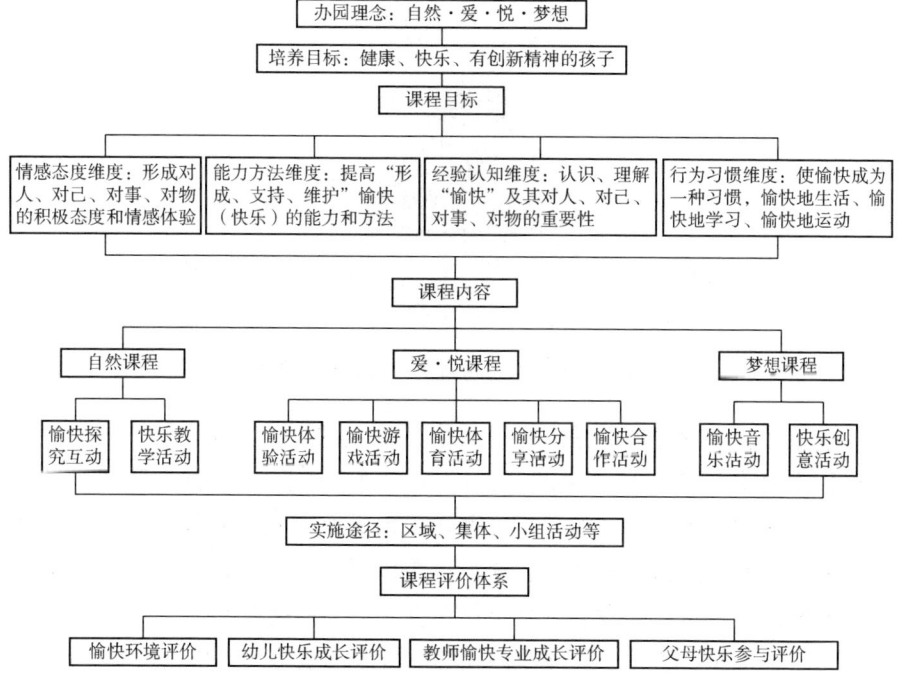

图1-2　佛山市机关幼儿园园本特色课程实施示意

第二节 愉快园本课程

幼儿园课程在学前教育中是最复杂、最繁难和最易引起误解的。在国家三级课程思想的指导下，佛山市机关幼儿园围绕儿童学习与发展的科学规律提出自己的办园理念，寻求园本课程建设的突破。

一、愉快园本课程的价值定位

佛山市机关幼儿园经过20年的实践和论证，最终确立了"自然·爱·悦·梦想"的办园理念。自2010年发布了课程环境VIS以来，注重将办园理念与课程实践进行对接，在课程环境和资源领域率先开展研究，结合《幼儿园教育指导纲要（试行）》和《3～6岁儿童学习与发展指南》的实践，着重研究和塑造教师的专业行为和儿童的精神世界，使办园理念与人的需要和满足对接起来（图1-3），形成不断提高的"需要流动通道"。

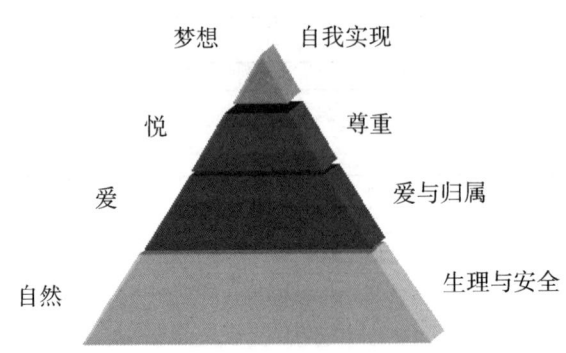

图1-3 办园理念与马斯洛的人的需要层次对比

如果儿童发展遵循的是需要（需求）满足的过程。那么马斯洛的人的需要层次理论与佛山市机关幼儿园的办园理念所反映出的儿童自然发展观、生态化教育观是一致的，与佐藤学提出的学习观也是高度统一的，佛山市机关幼儿园的课程正是沿着这个思想体系进行建构的。结合佛山市机关幼儿园的课程特点，我们最终定位在以下三个关键点上。

第一，愉悦、快乐。即注重内在的、健康的情感与人格发展。

第二，愉快生活、愉快游戏、愉快学习、愉快运动。

愉快生活、愉快游戏是指珍视幼儿生活和游戏的价值。《幼儿园教育指导纲要（试行）》和《3～6岁儿童学习与发展指南》提出要珍视幼儿生活和游戏的价值，事实上，这是以儿童为中心的现代课程观。

愉快体育是指立足健康、巩固特色。幼儿体育一直是佛山市机关幼儿园坚持的课程核心和园本特色活动，"三浴"锻炼、民俗体育、精武体育等都是佛山市机关幼儿园的品牌活动。愉快体育研究也取得过佛山市首届科技成果一等奖和广东省创新成果二等奖的殊荣，更重要的是，愉快体育的开展为孩子奠定了健康成长和愉快生活的基础。

愉快学习是指重视幼儿学习的品质。有品质的学习包含好奇心、学习兴趣、专注、坚持、不怕困难、积极主动、大胆想象和创造等指标，这也是现代教育中"深度学习"所需的品质。

第三，"你快乐，所以我快乐"！相对于其他各年龄段，幼儿是最富有情感和情绪表现的人群，个中原因也许就是：幼儿是介于动物和人之间的生物个体，对情绪缺乏控制和把握的能力，他们的需要还停留在马斯洛需要理论的最底层——生存和安全的需要上。事实上，幼儿的需要也证明了人对基本需要的期盼。

不难看出，佛山市机关幼儿园园本课程在价值定位上以"愉快"为核心，愉快生活、愉快游戏、愉快学习、愉快运动。这一定位是符合幼儿生理、心理发展需求的，有利于培养幼儿适应幼儿园生活，并在幼儿园生活中健康成长。

首先，上下衔接，促进幼儿良好适应。"家"被喻为安全的港湾，当幼儿第一次离开熟悉的家，进入一个叫幼儿园的陌生地方，这就是被许多人称为"精神断乳"的开始。可以想象，和父母三年里建立起来的安全感和依恋感将会被无情地割裂开来。当然，进入幼儿园也是人一生社会活动的开始，对其未来的社会适应和社会生活将起到无可比拟的作用。为了让幼儿适应得愉快一些，每年新生入园前，佛山市机关幼儿园会提供两次机会，向幼儿开放园区，使其熟悉幼儿园环境。正式开学后，在第一周启动阶梯性适应方案，让幼儿和父母一起"上学"，逐渐增加幼儿在园时间；并安排中班、大班的哥哥姐姐们到班上一起活动，通过与相近年龄同伴的交往降低他们的入园焦虑。在幼小衔接部分，除了一贯的认识小学和小学生活学习以外，也邀请已上小学的或提前上小学的儿童回园和同伴们分享小学生的体验。虽然班级教师会按阶段性主题进行绘本《猜猜我有多爱你》《逃家小兔》教学活动和《再见了，幼儿园》主题活动，但来自亲身的经历和体验对儿童还是有最深刻的影响。当然，家一样温馨的环境和包容、理解的教师最重要。

其次，生活自理，增强幼儿独立、自信。幼儿园教育以培养习惯为目标，课程的核心也是围绕基本的行为和习惯展开的。前面所说的学习品质，并非是从"学习"中学习到的。正如卢梭所说，你想要儿童获得理性是通过理性的教育来达到的，这是本末倒置了。从生活中、游戏中、活动中来培养儿童的自理能力，而不是通过一而再再而三的强化练习；否则，等意识到要培养儿童的独立性和自信心时，就会陷入痛苦的生存教育训练的俗套中。自理能力之所以重要，是因为它是独立和自信的基础。当基本的自理能力得到发展后，儿童的适应能力和安全感将会得到增强，独立和自信的个性品质才能建构起来。所以，小班幼儿学会自己吃饭、睡觉，中班幼儿会初步整理自己的生活和学习用品，大班幼儿则要在管理好自己的物品的基础上学会为他人服务。这些基本的目标是帮助幼儿愉快生活和学习的根本保证。

最后，自主参与、自由选择，保证终身学习与发展的可持续。幼儿的学习以满足其不断发展的需求为基础。如果说初入园的幼儿所需要的只是生理和安全的需要，那么中班、大班年龄段的幼儿则更倾向于对广阔的物质世界和社会关系的探索需要。他们需要"愉快"经历和体验，那些接近自己经验的新"认知冲突"是满足自身对未知世界探究的"挑战"的内在冲动和需求。佛山市机关幼儿园将愉快游戏活动的时间以自主区域活动的方式安排在上午，同时将活动室的区域向户外延伸，利用墙角空间创设了户外音乐区、大型积木区、玩水区、沙石区、涂鸦区、角色区、户外活动区等有助于幼儿自选游戏的功能区域，投入丰富的材料，让幼儿在户外活动的时间也可以选择进行游戏活动。周五上午，中班、大班幼儿区域体育混龄活动一小时，他们可以提前选择好区域、自选玩伴、自选材料进行活动，这也是佛山市机关幼儿园愉快体育活动的保留项目。每周五下午，则增设了40分钟的大班自选兴趣活动时间，幼儿可任选语言、艺术、演唱、剪纸、陶艺、足球、舞蹈、绘画、手工等项目活动，午睡起床后，他们三三两两，紧凑而有序地带上自己的用品到指定场室参加"选修"的兴趣活动。

二、愉快园本课程的总目标

幼儿一日生活皆课程，结合《广东省幼儿园一日活动指引》中的课程分类原则，佛山市机关幼儿园围绕"愉快生活、愉快游戏、愉快学习、愉快运动"四个板块，按"情感态度、能力方法、经验认知、行为习惯"四个维度设定了愉快课程的总体目标（图1-4）：①情感态度维度，即形成对人、对己、对事、对物的积极态度和情感体验；②能力方法维度，即提高"形成、支持、维护"愉快（快乐）的能力与方法；③经验认知维度，即认识、理解"愉快"及其对人、对己、对事、对物的重要性；④行为习惯维度，即使愉快成为一种习惯，愉快地生活，愉快地游戏，愉快地学习，愉快地运动。

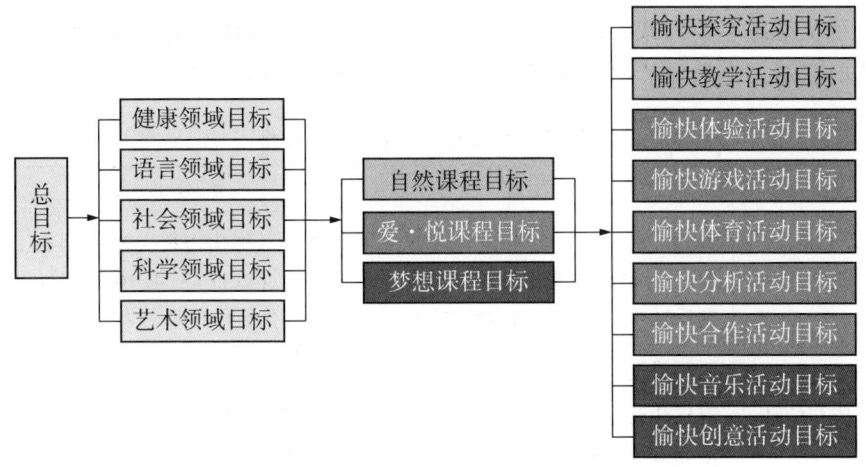

图1-4 园本课程三级目标

三、愉快园本课程的主要形式

课程是实现教育目标到幼儿发展之间的桥梁。课程的建设既要遵照相应的标准（政策、制度、社会价值观等），又要以自身的资源条件为基础；既要反映出幼儿园本身的特点、特色，又要遵循普适性的原则，符合相应的规律和要求。依据《广东省幼儿园一日活动指引》，佛山市机关幼儿园将课程从板块上分为四个部分，即生活活动、学习活动、体育活动和游戏活动，四者既是独立的，又是相互关联、互相渗透的。生活活动包括进餐、喝水、换衣服、午睡、盥洗等内容；学习活动指相关的认知、能力培养和经验积累的活动；体育活动和游戏活动是指在一定的场地或空间，由幼儿自主自发进行的活动。课程活动还有显性和隐性的分别。显性课程是指正式的、明显的课程内容或形式，如由学期、月、周、日计划安排的课程内容；隐性课程是一种非正式的、没有或较少事先策划、没有书面文本的课程。有学者认为，个体更多是通过隐性课程来实现社会行为规范的内化。幼儿的情绪情感和人格品质是显性课程和隐性课程共同作用的结果。佛山市机关幼儿园在长期的课程改革中，尝试过学科教学、方案活动、单元活动、主题活动和活动区活动等课程，并结合自身实际情况进行了选择和吸收，形成了今天主题活动模式下的对话课程。

每学期选择3～4个能反映幼儿经验水平和兴趣特点的内容主题，对主题内容进行可操作性和逻辑化的梳理，并按照办园理念进行内容的分类，以此来搭建园本课程内容体系，在此基础上进行主题的生成和替换。在主题活动的模式下，以活动区活动、户外区域活动、自选兴趣活动作为课程实施的主要方式，以促进幼儿主动参与、自主选择、动手操作学习方式的变革，充分发挥出园本课程的作用与效能。（表1-2）

表1-2 幼儿园一日活动时间安排

板块	内容	主要时段
生活活动	入园、离园、生活料理、餐点（早餐、牛奶、中餐、水果、午点）、餐后散步、盥洗、饮水、如厕	详按《佛山市机关幼儿园员工手册（试行）》第16页"幼儿一日生活作息时间表"规定
体育活动	循环晨运	07:30-08:00
	混班活动	09:00-10:00（小班）
	课间操、体育集体活动	10:00-11:00（中班、大班）
自主游戏	班级区域活动	09:00-10:00（中班、大班）
	户外混龄区域活动	10:00-11:00
	中班、大班自主兴趣活动	10:00-11:00（周五）
	大班户外游戏活动	14:40-15:20（周五）
学习活动	谈话活动、计划活动	08:40-09:00
	国旗下讲话（故事）	09:00-09:20（周一）
	户外科学探究/领域学习/经验提升	10:00-11:20
	社区/志愿者活动	15:20-16:00（中班、大班）
过渡环节	餐后自选区域	08:20-08:40
	小太阳广播（餐前）、手指操	11:10-11:40
	歌曲、律动、	11:40-12:00

（一）合作建构理论下的幼儿园主题活动

在幼儿教育课程研究的层面，对佛山市机关幼儿园有关儿童学习认识影响最大的当数皮亚杰的"学习建构理论"。作为当代最有影响的儿童发展学者，皮亚杰不仅清晰地展示出儿童发展的阶段学说，而且提出了儿童发展建构论理念。同时，佛山市机关幼儿园结合维果斯基的最近发展区观点，选取了以主题活动为基本课程内容，以环境创设和幼儿操作为主的幼儿主动学习的课程。

1. 学期主题活动安排

各年龄段幼儿每学期主题活动的安排如表1-3所示。

表1-3　各年龄段学年主题活动安排

年龄段	上学期	下学期	所属板块
小班	牙牙乐 我的身体（小手和小脚）	瓜果总动员 亲亲大自然 我的动物朋友	自然
	我爱幼儿园	我的好妈妈	爱·悦
	玩具真奇妙	彩色天地	梦想
中班	我和大树做朋友	我们爱运动 好吃的蔬菜	自然
	为什么我不能 最棒的我 一起逛市场	我爱我家	爱·悦
	生活中的交通工具	生活中的纸 马路上的车	梦想
大班	神秘洞	相反国	自然
	快乐运动会 新年喜洋洋 小女巫飞不起	牙齿咔咔咔	爱·悦
	神奇的线	神奇的工具 神奇的符号	梦想

考虑到幼儿发展的阶段性以及课程内容的内在逻辑，以及课程内容的有效性问题，佛山市机关幼儿园制定相关领域活动的目标及内容，单独形成本领域的课程体系。例如，对于主题课程中无法体现出价值与实效的健康内容与数学内容，我们进行了单列，实现与主题课程的平行。

2. 学期主题检核表

学期主题检核的内容如表1-4所示。

表1-4　学期主题检核（内容的适宜性）

内容选择原则	亲善友好的孩子	自信乐观的孩子	尊重接纳的孩子	诚实宽容的孩子	理解关爱的孩子	欣赏合作的孩子	遵守规则的孩子	健康自主的孩子	独立坚持的孩子
1. 符合教育部的政策法规									
2. 与幼儿的办园理念和培养目标一致									
3. 符合《3～6岁儿童学习与发展指南》幼儿发展的目标与能力									
4. 生活、社会性资源的使用									
5. 符合幼儿的兴趣									
6. 涵盖课程的广泛程度									
7. 教材获取的难易度									
8. 主题之间的联系性									
9. 时间性的考虑：季节、节令、庆典									
10. 主题内容统整的理性									

幼儿主题活动的内容大纲是教师教学活动准备的依据，也是各部门工作人员、家长相互沟通的工具。当然，主题内容的选择、操作及实施过程不一定100%准确，但在不断的沟通和讨论中可以继续更改和完善。

（二）儿童认知发展理论下的交互性活动

儿童认知发展理论下的交互性活动主要以皮亚杰认知发展理论为基础。皮亚杰认为幼儿是一个主动的学习者，对周围的事物具有很好的学习动力。当他处在一个具有丰富刺激同时又井然有序的环境中学习时，效果是最佳的。课程被描述为每日例行的工作，是由计划—操作—回顾（反馈）的顺序及其他要素所组成的循环。在追求理念落实的课程实践中，为了调动幼儿主动学习、积极发展的能力，佛山市机关幼儿园将这一课程形式主要融入幼儿活动区的学习中，并在大班自主兴趣活动和户外体育区域混龄活动中充分运用。

1. 幼儿与材料互动活动的流程

（1）计划活动。这段时间除让幼儿构思外，也给他们适当的机会来表达自己的想法，研究这些想法的可行性，进而鼓励他们自己做决定。

计划活动的具体要求包括：①请被关注的幼儿上前做计划，说说自己想去哪个区，准备操作什么材料，需要什么支持，等等；②通过座位安排,观察幼儿的声调和眼神,以及教师鼓励性的语言和姿态,等等,创设"听"与"说"的气氛,鼓励和保护幼儿参与的积极性,多鼓励他们说;③如果人数较多,可以分为两组进行,一组进行集体活动,另一组进行分区活动。

(2) 操作活动。这是活动中"做"的环节,也是幼儿和教师长时间的独处时期。在这个环节,幼儿要按自己的计划完成工作;教师在观察幼儿的活动过程中,则视情况提供解决问题的途径、给予鼓励或参与幼儿的活动。

操作环节的具体要求包括:①和幼儿一起制定好活动区的规则,合理地调控好区域中的人数;②教师不轻易介入,其主要工作是观察、记录和分析幼儿的活动情况;③语言区可请家长助教讲故事,或指导幼儿讲故事。

操作环节的关注点:教师越是从容和悠闲,越说明幼儿活动的自主性强。尽量让幼儿自己解决问题,当幼儿来找你"打小报告"或说无关于活动的事情时,请告诉他:"我知道了,谢谢你告诉我!"当幼儿找你帮忙时,请告诉他:"老师相信你是可以做到的,试一试好吗?"

(3) 收拾活动。收拾环节在整个活动中具有缓冲的功能;教师也可以利用这一环节为幼儿提供适当的时间和空间,让幼儿习得收拾的技巧,获得对应的教学经验。

收拾环节的具体要求包括:①教师之间要分工合作,使材料容易收拾整理,归位明确,教师和保育员关注幼儿的整理情况,尽量不插手,让幼儿独立完成收拾环节;②组织下一环节的教师要安排好幼儿就座,并通过简洁的音乐、律动让他们迅速安静下来。

收拾环节的关注点:需要较长时间收拾的物品,可在小结后再收拾;中班、大班的美工区、建构区的作品暂不收拾,中餐后再请进餐快的幼儿协助收拾。

(4) 回顾活动。回顾或回忆活动是最后一个环节,幼儿可通过回顾自己的工作过程来变化和发展出属于自己的经验,也能让教师有机会帮助幼儿发现其真实工作与计划间的关系。

回顾环节的具体要求包括:①教师要提前做好准备,提醒需要分享的幼儿带好自己的作品或由教师准备好投影和照片;②分享要关注三维目标(知识、技能;过程和方法;情感、态度、价值观),以幼儿自己"说"为主。

回顾环节的关注点:教师尽量从作品的大小、形状、颜色等进行基本特征的引导性评价。例如,"××小朋友,你画的房子很漂亮,屋顶的形状是三角形的,墙和烟囱是长方形的,房子的前面有圆形的池塘,还有许多可爱的小动物,你用的颜色多好啊!花是那么红、草是那么绿,小动物也那么可爱,老师很喜欢你的作品,待会儿把它挂在作品栏里让大家都欣赏一下好吗?"

2. 幼儿与材料互动活动的区域设置与材料分类

要让幼儿在一日活动课程中获得主动和积极的发展,环境的创设和材料的选择与投放成为课程实施是否有效的关键。《幼儿园教育指导纲要(试行)》指出:"环境是重要的教育资源,应通过环境的创设和利用,有效地促进幼儿的发展。幼儿园的空间、设施、活动材料和常规要求等应有利于引发、支持幼儿的游戏和各种探索活动,有利于引发、支持幼儿与周围环境之间积极的相互作用。"材料和学具作为幼儿学习环境的重要元素,在课程和幼儿发展之间起到桥梁的作用。

大班一日活动课程的区域设置与材料分类如表1-5所示。

表1-5 大班一日活动课程的区域设置与材料分类

区域	材料分类	材料名称
美工区	各类纸张	彩色蜡光纸、绘画纸、旧报纸、卡纸、吹塑纸、瓦楞纸、皱纹纸、激光纸等
	绘画材料	颜料、油画棒、双头笔、签字笔、油性笔、水彩笔、排笔、蜡笔等
	辅助材料	塑料纸、纸盒、纸盘、纸杯、布头、毛线、绳子、包装带、一次性杯子、胶卷、扣子、各类豆子、花生、牙刷、牙签、棉签、吸管、铁丝、酒瓶、果冻盒、光碟、雪糕棍、木块、小树枝、干花、小石头、纽扣、贝壳、坚果壳、纸卷芯、欣赏的图画等
	辅助工具	订书机、打孔机、胶水、固体胶、双面胶、透明胶、乳胶、剪刀、花边剪、压花剪等
建构区	成品材料	各种形状的大型积木、中型积木和小型积木若干
	辅助材料	木板、大小不等的箱子、易拉罐、绳子、塑料管、小车模型、线、石头、建筑模型、建筑图片、测量工具、插塑玩具、雪花片、张贴画、自制纸盒积木、交通标志、花草、楼房、小人儿和动物的立体摆件、小木桥、幼儿积木作品照片等
语言区	成品材料	各种图书、挂图、录音机、磁带、头饰、图片、手偶、指偶、小舞台、点读机等
	收集材料	幼儿影集、幼儿日记、抱枕、各种阅读材料等
	自制材料	自制大图书、识字卡片、文字拼图、图文匹配的图片及讲述材料等

续表 1-5

区域	材料分类	材料名称
角色区	成品材料	角色扮演所需的小柜子或小家具、各种小娃娃、公仔、各类厨具、各种面包和点心、生活中真实的材料
	收集材料	和情景相适应的各种用具,如商店的货物、小货架、收银机等,医院的针筒、吊瓶、体温计、药瓶、药盒、听诊器、病床;各种服装,如医生、警察、厨师、歌舞演员、理发师、售货员等的服装;钱包、自印钱币、电话、锅、碗、勺子、微波炉、自制各类点心、电话簿、温度计等
	自制材料	与所学内容相关的手偶、头饰、与角色匹配的道具、其他辅助材料等
音乐区	乐器类	碰铃、三角铁、铃鼓、响棒、圆舞板、沙锤、录音机、录音磁带、指挥棒
	自制材料	小鼓、乐曲图谱、音符、高低音谱号、打击乐节奏谱
	服装道具类	表演服装、纱巾、帽子、头饰、手绢、扇子、脸谱、面具、草裙等
科学区	测量工具	直尺、软尺、三角板、纸条、绳子等替代物,量杯、计时器、温度计
	智力类	各类拼图、七巧板、迷宫、钓鱼玩具、大小不同的球、长短不一的夹子等,各种棋类、扑克牌
	装拆玩具	废旧物品、手电筒、钟、电话等
	探索类	磁铁、锁、齿轮、放大镜、各种镜子、回形针、天平、电筒、电池、昆虫盒、望远镜、小标本、真实的动植物图片等
	数学材料	排序类材料、多级分类卡、时钟操作卡、数字接龙卡、数物组合操作卡、图形拼贴卡等

中班一日活动课程的区域设置与材料分类如表 1-6 所示。

表 1-6 中班一日活动课程的区域设置与材料分类

区域	材料分类	材料名称
美工区	各类纸张	彩色蜡光纸、绘画纸、宣纸、旧报纸、卡纸、吹塑纸、瓦楞纸、皱纹纸、激光纸等
	绘画材料	颜料、油画棒、双头笔、油性笔、水彩笔、排笔、蜡笔、毛笔等

续表1-6

区域	材料分类	材料名称
美工区	辅助材料	橡皮泥、纸盒、纸盘、纸杯、布头、毛线、绳子、包装带、一次性杯子、扣子、盖子、各类豆子、花生、小石子、牙刷、牙签、棉签、吸管、酒瓶、果冻盒、环保袋、空白脸谱、泡沫、小树枝、冰棍棒、光盘、小木夹、各类印模、印章、简易版画工具、饮料瓶等
	辅助工具	胶水、固体胶、双面胶、透明胶、乳胶、剪刀、花边剪、白乳胶、打孔器、橡皮筋、棉签棒、压花剪等
建构区	成品材料	各种形状的大型积木、中型积木和小型积木等（数量可稍少于大班）
	辅助材料	木板、大小不等的箱子、易拉罐、绳子、塑料管、小车模型、线、石头、建筑模型、建筑图片、测量工具、插塑玩具、雪花片、张贴画、自制纸盒积木、交通标志、花草、楼房、小人和动物的立体摆件、小木桥、幼儿积木作品照片等，记录用的纸和笔、统计各种材料数量的表格等
语言区	成品材料	各种图书、挂图、录音机、磁带、头饰、图片、儿歌海报、手偶、指偶、点读机、电子图书等
	收集材料	幼儿影集、幼儿日记、抱枕、各种阅读材料等
	自制材料	自制大图书、文字拼图、图文匹配的卡片及讲述材料、记录用的笔和纸等
角色区	成品材料	角色扮演所需的小柜子或小家具、各种小娃娃、公仔、各类厨具、各种面包、电话、空食品盒、点心等
	收集材料	和情景相适应的各种用具，如商店的货物、小货架、收银机等，医院的针筒、吊瓶、体温计、药瓶、药盒；各种服装，如医生、警察、厨师、歌舞演员、理发师、售货员等的服装；钱包、电话、锅、碗、勺子、微波炉、自制各类点心等
	自制材料	与所学内容相关的手偶、头饰、与角色匹配的道具、其他辅助材料等
	宣传材料	广告板、海报、角色展示板
音乐区	乐器类	碰铃、三角铁、铃鼓、响棒、圆舞板、沙锤、录音机、录音磁带等
	自制材料	小鼓、乐曲图谱、高音谱号、音符、五线谱、彩带、节奏卡等
	服装道具类	表演服装、民族特色服装、纱巾、帽子、头饰、手绢、扇子等

续表 1-6

区域	材料分类	材料名称
科学区	测量工具	直尺、软尺、三角板、纸条、绳子等替代物
	智力类	各类拼图、七巧板、迷宫、钓鱼玩具、大小不同的球、长短不一的夹子、穿线珠等
	装拆玩具	废旧物品（小家电）、手电筒、钟、电话等
	探索类	磁铁、锁、齿轮、放大镜、各种镜子、回形针、天平、打蛋器、计时器、电筒、电池、昆虫盒等
	数学材料	排序类材料、多级分类卡、时钟操作卡、数字点数卡、数量组合操作卡、图形拼贴卡等

小班一日活动课程的区域设置与材料分类如表 1-7 所示。

表 1-7　小班一日活动课程的区域设置与材料分类

区域	材料分类	材料名称
美工区	各类纸张	彩色蜡光纸、绘画纸、旧报纸、卡纸、吹塑纸、瓦楞纸、皱纹纸、激光纸等
	绘画材料	颜料、油画棒、双头笔、油性笔、水彩笔、排笔、蜡笔等
	辅助材料	橡皮泥、纸盒、纸盘、纸杯、布头、毛线、绳子、包装带、一次性杯子、牙刷、棉签、牛奶盒、豆类（较大的，如黄豆、花生、扁豆等）、果冻盒、各种纸碎、毛线头、雪糕棒、吸管、纽扣、贝壳、小石子、坚果壳、毛毛虫、纸卷芯等
	辅助工具	胶水、固体胶、双面胶、透明胶、乳胶、剪刀、花边剪、压花剪等
建构区	成品材料	各种形状的大型积木、中型积木和小型积木等（数量可稍少于中班）
	辅助材料	木板、大小不等的箱子、易拉罐、绳子、塑料管、小车模型、线、石头、建筑模型、建筑图片、测量工具、插塑玩具、雪花片、张贴画、自制交通标志、花草、楼房、小人和动物的立体摆件、幼儿积木作品照片等
语言区	成品材料	各种图书、挂图、录音机、复读机、头饰、图片、手偶、指偶等
	收集材料	幼儿影集、幼儿日记、抱枕、各种阅读材料等
	自制材料	自制大图书、图文匹配的拼图、图片及讲述材料

续表 1-7

区域	材料分类	材料名称
角色区	成品材料	角色扮演所需的小柜子或小家具，各种小娃娃、公仔、各类厨具、各种面包、点心等
	收集材料	和情景相适应的各种用具，如商店的货物、小货架、收银机等，医院的制服、针筒、吊瓶、体温计、药瓶、药盒、电话、锅、碗、勺子、微波炉、自制各类点心等
	自制材料	与所学内容相关的手偶、头饰、与角色匹配的道具、其他辅助材料等
音乐区	乐器类	碰铃、三角铁、铃鼓、响棒、录音机、试听机、音乐碟
	自制材料	小鼓、沙锤、音符
	收集材料	表演服装、纱巾、帽子、头饰、手绢等
科学区	智力类	各类拼图、视觉图片（找不同、视觉变换等）、迷宫、钓鱼玩具、大小不同的球、长短不一的夹子等
	探索类	磁铁、放大镜、各种镜子、大回形针、昆虫盒等
	数学材料	排序类材料、数字点数卡、图形拼贴卡等

（三）小组活动

事实上，课程活动的形态是根据幼儿的需要来调整的。在传统认知中，是否分小组是根据教师组织或材料的要求来确定的，以教师的需要为出发点。但现代儿童教育观已阐明，教师采用的活动形式是以幼儿的需要为前提的。所以，小组活动应该是来自教师提供的、源自幼儿生活和文化背景的活动内容，如户外参观、旅行、种植、观察活动，以及食品制作、烹饪、手工创作，等等。小组活动可以没有详细的计划性，但要以能反映出幼儿的经验、需要、能力和兴趣为目的。在小组活动中，让每个幼儿都有机会做个人的选择，教师帮助幼儿延伸其想法和行动。例如，问开放性的问题，鼓励幼儿表达自己的想法，并用自己的方式解决教师提出来的问题。在"神奇的工具"主题活动中，教师设计了砸核桃的活动，为了启发幼儿使用不同的工具解决身边问题，教师问"什么可以用作打开核桃的工具？"比"核桃可以用桌上哪些工具打开？"更能激发幼儿的思考和进一步探究的需要。当教师把主动探索的机会给予幼儿时，幼儿会感受到教师是和自己一起在探索的。需要说明的是，小组活动仍然属于集体活动的形式，只是把参加活动的幼儿人数限制在 10 人以内。

（四）大团体活动

在一日活动课程中，大团体活动可以起到缓和、过渡或转换的作用。例如，玩游戏、唱歌、手指游戏、律动或分享一件特别的事，为所有幼儿提供彼此分享的机会，也可以将小组活动中的讨论成果分享给所有人。

第二章 自然空间利用视角下的环境课程建设

空间与环境作为课程的资源，是园本课程建设的有机组成部分。幼儿园场地从建筑的角度来说，更多体现为人造空间，但我们仍然可以依照儿童发展的科学理论来认识、改造和定义幼儿园的空间，让这些空间符合儿童教育发展的需要，产生良好的教育效果。

第一节 生态理念下的幼儿园环境建设原则

著名幼儿教育学学者、南京师范大学的虞永平教授在其著作《生活化的幼儿园课程》中，对生态学做了这样的阐释：生态学，原指研究生命体与其自然环境之间关系的学问（生态学家在研究中发现，生命体之间以及生命体与无机世界之间，存在着一种极其复杂的相互关联）。但发展到今天，它已经超越生态学学科的界限，成为人们观察世界和发现世界的一种世界观。所谓生态世界观，是一种以万物相联系的视角看待世界的方式。在这个世界上，即使是严重对立的两方，如阴和阳、水与火等，也有着互益互补的可能。目前，人类遇到的众多问题，如环境、战争、科学、教育、经济等方面的问题，假如以生态世界观对待，都将得到良性的解决。[1]

生态学虽然是一门学科，但在人文研究领域，更多的是一种研究的方法论，一种研究的角度。本书所提到的生态学就是一种观念和立场，生态观强调系统论的研究方法，强调的是一种整体的分析视角，从总体上把握不同要素之间的关系。人、生物和环境是生态系统中不可或缺的要素，我们认为万物都是互相联系、互利共生的，同处于一个生态系统的各生态因子处于不断发展的和谐状态，因此，我们在研究任意一方时都不要忽略另外一方所起的作用。这给研究者探索幼儿园户外活动空间设计带来一定的

---

[1] 参见虞永平《生活化的幼儿园课程》，高等教育出版社2010年版。

启示：在设计幼儿园户外活动空间时，坚持生态学视野，将户外空间置于一个生态系统中，使空间各要素都得到良性发展。

近年来，生态学、生态环境和生态研究等概念受到国内外教育界的重视，特别是美国著名心理学家布朗芬布伦纳（Urie Bronfenbrenner）的人类发展生态学理论更为学术界人士所关注。我们将幼儿所处的幼儿园户外空间设计置身于生态学视野下，这是一种新的理念，突出表现为一种生态学的基本观念与原则。基于生态学的相关理论影响，幼儿园户外空间应处于一种动态发展的状态，空间各要素之间相互联系且与幼儿发展相互适应，共同维持户外空间的持续发展。生态学视野下幼儿园户外活动空间设计关注幼儿园环境的动态发展，关注户外各种活动空间因子之间的联系性，注重幼儿及空间的互动作用。基于此观点，佛山市机关幼儿园提出四点幼儿园户外空间设计生态学基本原则。

一、整体性原则

幼儿园的户外活动空间好比一个生态系统，它首先应具有整体性，而不是各要素之间相互对立、排斥、分离。在幼儿园户外活动空间设计中，既要考虑美观性，又要考虑动与静的结合、封闭与开放的结合、独立与组合的结合。例如，室内室外空间、动静活动空间要合理过渡，在开放的公共活动设施附近安置小尺度的个人空间。

整体性的空间布局不仅可以发挥每个区域的重要功能，也促进了相邻的区域板块之间产生积极的互动。例如，将玩沙区与大型攀登器械安置在一起，可以吸引玩沙区的幼儿去攀登，幼儿结束攀登游戏后也可以直接进入玩沙区。室内外过渡区域改造成绘画墙和光影探索墙，既衔接了室内外，又激发了幼儿对两种墙面的探索兴趣。这种有意识的整体性布局，形成各板块之间的互动。（图2-1）

佛山市机关幼儿园是一所历史悠久的园所，原先环境最大的特点是：大（占地面积12012.6平方米，但缺乏文化特色）、泛（经历多次改建、拆建，没有一个整体的规划，风格各异）、久（有70年代、80年代、90年代和2000年以后的建筑）。结合教育理念，我们对幼儿园的环境做了重新审视，提出以下四个问题并作出回答：①环境规划的理念是否促进幼儿快乐学习；②环境的定位是构筑幼儿"对话"的环境；③环境是为幼儿服务的；④环境规划的原则是整体性、自然性、儿童化、可持续的。

在环境整体规划上，佛山市机关幼儿园以办园理念为核心，围绕幼儿园五大领域课程，将户外环境设置为相应的五个区域（图2-2）。让孩子

图2-1 幼儿园整体区域规划

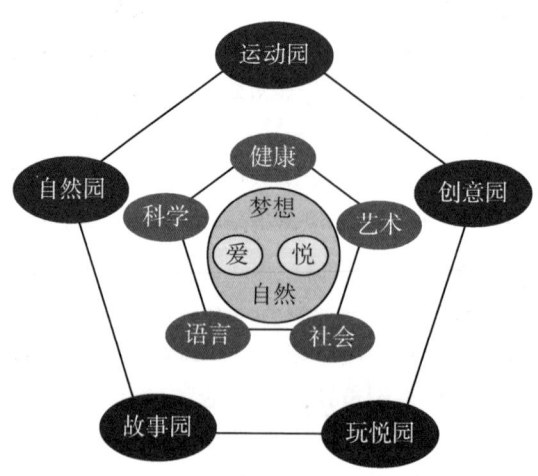

图2-2 环境课程规划理念

通过运动、玩耍、探究、分享、创造等活动，促进其自主、全面、和谐地发展。

二、自然性原则

用水泥、瓷砖、塑胶等材料，试图为幼儿创造一个舒适、安全而美观的空间环境，可是幼儿与这种环境的亲近度却大打折扣。幼儿生活中的大部分时间都在幼儿园里度过，如果我们不能够为幼儿提供接触自然的机会，幼儿又如何能了解自然、环境与人类生活的关系？幼儿教育家陈鹤琴先生提出，应该让幼儿与大自然多接触，幼儿园为幼儿提供与自然接触的机会，才能丰富他们的经验，锻炼他们的技能。在设计幼儿园户外空间时，要在保留自然的基础上增添设施，而不是破坏自然后又重新塑造，要做到以利用、保护为主，就地取材，融园内建筑于自然景色和地形之中，尽量在幼儿园中为幼儿保留一片自然的土堆、大片的草地和可以遮阳的树木。（图2-3至图2-8）

图2-3　绿树丛中的幼儿园

图2-4　幼儿园里绿树成荫

图2-5　大树下的玩水池

图2-6　绿荫下的运动场

图2-7 绿树掩映下的教学楼

图2-8 绿油油的小山坡

三、儿童化原则

环境创设的根本目的是促进幼儿发展,脱离了幼儿,幼儿园户外活动空间将不复存在。空间的分区、材料的选择、色彩、尺度等都要符合幼儿的身心发展特点。幼儿是一个特殊的群体,对万物好奇。我们在为幼儿设计多变的环境时,要降低成人的视线,从幼儿的视野来创设环境,从而引起幼儿的兴趣,方便孩子进入。另外,幼儿园户外空间面向的是整个幼儿园的幼儿,它的设计更要注意幼儿的个体差异,注重因材施教,创设适合不同年龄、不同性别、不同个性、不同能力幼儿发展的空间。(图2-9至图2-12)

图2-9 温馨的娃娃家

图2-10 藏有各种"农具"的农夫小屋

图2-11 绿树环绕的植物迷宫

图2-12 充满神秘感的树林小屋

四、可持续原则

生态学视野下的幼儿园户外空间坚持可持续原则,在节约能源的基础上,提高能源利用率,使每条生态链上的要素相互作用、相互影响,不断产生新的生态因子。可持续原则的核心是资源的持续利用和生态系统可持续性的保持,资源保护、资源再生和资源再利用是可持续发展的目标。幼儿园户外空间设计要使用生态环保的绿色能源,如太阳能、节水节电装置等,提高传统能源的利用率,并充分利用及重复利用可循环再生的环保材料以及生活中的废水等,保持幼儿园户外空间的动态发展。(图2-13至图2-16)

图2-13　幼儿尿液收集器

图2-14　经过尿液滴灌后长势良好的绿色蔬菜

图2-15　针对幼儿上肢力量不足自制的攀爬架

图2-16　利用园内环境资源开展爬树活动

第二节 幼儿园课程文化在环境中的体现

关注我们所处社会的文化内容,让园本课程保持对社会文化的敏锐性是非常必要的,即课程改革应对社会性、民族性、时代性和文化性的差异给予足够的关注。越来越多的学者提出,幼儿园课程不应只是倡导儿童发展理论的课程,过多从心理学角度强调幼儿的发展,会在不同程度上忽视教育为国家服务、为民族服务的根基性特点。[①] 文化是课程的母体,民族文化和共同信仰是课程文化的基础。幼儿园要结合当地的文化特点[②],灵活地引导师生在生活中、对话中学习文化,构建幼儿园课程文化。[③] "自然·爱·悦·梦想"的办园理念是佛山市机关幼儿园文化的支撑,"爱·悦"则是这一文化的核心与基石。美丽、舒适和充满乐趣的自然环境,能有效激发幼儿乐于参与、乐于学习、主动探究的精神,关注、支持与鼓励的精神环境同样必不可少,是幼儿梦想实现的温床。

一、让"微笑"成为幼儿园的招牌

不论是幼儿、家长,还是同行、专家、领导,走进佛山市机关幼儿园,可以看到从门口保安到班级教师脸上都洋溢着幸福的微笑。微笑不仅是一种日常的表情,而且是写入《幼儿园规章制度》的一条纪律和要求:"经常面带笑容,使你自己感觉愉悦,同时能帮助你使他人感觉良好,从而使友善逐步形成。"对待早晨入园的每位幼儿,教师需要做三件事,第一件是微笑,第二件是蹲下,第三件是和幼儿拥抱,并问候和鼓励他们。所以,幼儿园里的每位幼儿都保持着情绪稳定、心态平和、积极主动的良好状态,整个幼儿园都洋溢着幼儿园园歌《快乐家园》中所唱的那种"幼儿园是你我最可爱的家"的氛围。(图2-17至图2-18)

[①] 参见朱家雄《从对科学主义的崇拜到主张学前教育走向生态——对学前教育理论和实践的反思》,《学前教育研究》2007年第11期。
[②] 参见郝江玉《本土资源的开发与园本课程建设》,《学前教育研究》2014年第5期。
[③] 参见王炳照、秦学智《陈鹤琴学前教育思想的传统文化渊源》,《学前教育研究》2006年第3期。

图2-17 幸福快乐的教师群体　　　图2-18 关爱与支持的师幼关系

二、用"心"营造家文化

礼貌、互助与合作是幼儿园办园文化的内核。整洁、优雅、乐于助人、乐观自信这些素质要求，渗透到了幼儿园每个部门、每个岗位和每个人的骨子里。（图2-19）

公平和相互尊重的种子也种到每个人的心里。在幼儿园里，不论是园长还是保洁阿姨，她们都是为幼儿及其家长服务的人员，都会得到家长和幼儿相应的问候与尊重；后勤人员也没有感到低人一等，而是以更积极的心态做好本职工作。所以，在佛山市机关幼儿园这个和谐的大家庭里，每

图2-19 团结、有激情的教职工队伍

位员工都兢兢业业，积极为幼儿园的发展作出自己的贡献和努力——整洁的楼梯是保洁阿姨蹲下用抹布一层一层擦出来的；幼儿良好的行为和能力是教师们一点一滴的引导和关注形成的；丰盛可口的饭菜、点心是厨房工作人员精心制作和保健人员营养调配的结果；丰富的环境和个性化的活动资料是后勤人员的杰作。所以，一名普通的门卫可以叫出全园800多位幼儿的名字，记住经常来园接送孩子的每位家长，并能与家长们做好有效的沟通和交流。

三、充分表达情绪和情感

除了树立积极、正面的引导，幼儿园在疏导不良情绪上也做了充分的准备。为幼儿、教师提供全方位的支持和服务平台，不仅将教师办公室改为成长室，还建立了便于轻松交流和研讨的教师休闲室，制定平等沟通的制度、园长接待制度和家长常规交流制度，等等，及时疏导管理中出现的问题，加强沟通和了解，吸纳良好的工作建议，解决教师和家长的问题，帮助员工调整好工作情绪。（图2-20至图2-21）

图2-20　保育员参加广东省技能大赛获大奖

图2-21　为荣休教工举办简洁而隆重的仪式

四、让文化环境更加民主化和人文化

自然环境的绿化、美化使幼儿园生态可持续性有了坚实的基础，更重要的是人文、高效、民主文化精神的渗透与浸染，让全园教职工为了同一个目标和共同的愿景一起努力。让全园教职工与家长同生共长，为实施科学的保育和教育，让幼儿度过快乐而有意义的童年，在"自然·爱·悦·梦想"办园理念的指引下，实现幼儿园可持续教育发展的追求。

春夏秋冬，寒来暑往，幼儿们沐浴在佛山市机关幼儿园自然、和谐的环境中，赏花、浇水、运动、玩耍，在幼儿园里长身体、长见识，享受着快乐幸福的童年生活。每当参观的同行进入佛山市机关幼儿园时，都会惊叹不已，在他们感慨运动场地宽阔、运动设施丰富完备的同时，更多的是对环境课程内涵的赞赏——他们看到的是集历史与当下、传统与现代于一体，有生活气息、有生命活力的物质环境和精神环境的统一体。进入佛山市机关幼儿园，许多同行都会惊羡不已，而当观摩了幼儿们身处如此环境中的活动后，有些同行的直接感受就是"让人目瞪口呆"，这是2015年12

月佛山、清远幼儿园同课异构活动结束后一位教师的评价。2014年3月，广东省"现代幼儿园规划设计与环境创新新视野、新趋势、新技术高峰论坛"在佛山市机关幼儿园举办，来自全省的专家、学者、同行共120多人莅会（图2-22）。活动结束后，专家学者和同行们对佛山市机关幼儿园的环境创设赞誉有加，称赞佛山市机关幼儿园的环境规划科学、合理，营造了浓郁的园文化环境，是名副其实的"快乐的儿童世界"！

图2-22 创新成果展示现场

第三节 让孩子在自然环境中获得多样化的体验

一、过渡空间的充分利用

幼儿的心理特点倾向于喜欢活泼的事物及变化的环境，从一个空间到另一个空间，他们不断地寻找着下一处有趣的活动场所。所以在设置幼儿园空间环境的时候，过渡空间的充分利用就尤为重要；对于空间中相互连接的通道设计，也要考虑其多样化和趣味化。为了维护户外空间的整体性格局，可以设计具有循环性的路线，如立交桥一般既闭合又开放，这样可以改进空间安排过于分散的情况，也能加强园区和建筑物的联系。布朗芬布伦纳的人类发展生态学认为，与人类发展过程相联系的环境不是指单一的、即时的情景，还包括各种情景之间的相互关系，以及这些情景所根植的环境。生态学理论的系统观更是强调各要素之间的联系性，将生态学理论运用到户外空间设计时，户外空间的每个活动因子都要被考虑进来。

（一）廊道串联

据观察，许多设有长廊的幼儿园，其长廊在冬天是闲置的，除了教师带幼儿们散散步，基本上没有其他的活动。造成长廊利用率太低的原因，一方面是天气较冷，另一方面是长廊往往设在角落中，并不显眼。我们可以利用长廊串联户外空间的各个区域，不仅可以丰富区域的层次，增强各区域间的联系性，也可以把幼儿吸引到各个区域，不至于某些区域人满为患、某些区域无人问津。长廊的设置目标及活动建议如表 2-1 所示。

表 2-1　长廊的设置目标及活动建议

设置目标	1. 将建筑的结构和功能区分开来，使其既有分别又密切联系 2. 使园内各个功能区相互联通，发挥出通道的作用 3. 在幼儿一日生活课程中凸现出生活的有序性和行为的规范性
活动指引	1. 由于廊道都不是很宽阔，注意提醒幼儿靠右行走，培养其规则意识 2. 上学、放学时要保持持续前行，不做长时间的停留，特别是雨天
活动建议	可考虑在两侧设置橱窗作为作品欣赏区或公益文化宣讲区
区域位置	防雨走廊，各楼层过道

另外，长廊还可以作为室内区域活动的延伸，开发出适合区域活动的资源，如公交车站、运动休息点等。长廊作为幼儿每天必经的区域，可以增加一些趣味设施，幼儿可以在此观察植物变化、欣赏绘画作品等。将走廊单一的功能转变为一种游戏的空间，让幼儿走在去"学习"的路上，走在去"活动"的路上，这都是一种游戏。（图 2-23 至图 2-25）

图 2-23　贯通前后院的防雨走廊　　图 2-24　运动休息区——区域之间的分隔带

（二）室内外衔接

幼儿园室内外衔接处的凹凸空间是连接室内外的重要空间点，为了增强室内外的联系，既可以将户外空间的自然环境引入室内，也可以吸引幼儿探索户外空间。这种室内与室外过渡的空间在建筑学中被称为"灰度空间"，通过过渡以达到室内外的相互融合。例如，建筑入口的走廊、屋檐下等，可以在门厅的顶层种植下垂植物，使室内外充满大自然的气息；也可以在门厅处增设一些简单的器械，如秋千、云梯等；门厅空间面积较大的话，可摆放幼儿休息、观察用的小座椅（图2-26至图2-27）。"灰度空间"不仅增加了空间的层次，协调不同功能的建筑体，还在一定程度上改变了建筑的比例。

图2-25 风雨操场出口向小山坡或操场过渡

图2-26 从课室向运动场延伸的走廊区域

图2-27 一楼走廊便于室内外活动的过渡

在幼儿园环境设计中，还可以为幼儿提供尽可能自然的室内游戏空间，给教师在多雨和炎热的天气下组织活动提供更多的场地选择。国外的幼儿园常常采用建筑局部延伸到室外的模式，模糊室内外空间的界限，形成连续的空间体验。同时，户外学习区域有助于激发幼儿的活动兴趣和创造性，是一种灵活的多功能的空间。室内外衔接处的设置目标及活动建议如表2-2所示。

表2-2 室内外衔接处的设置目标及活动建议

设置目标	1. 有利于空间的变化及转换，符合幼儿动静交替和喜欢变化的年龄特点 2. 便于安排幼儿的活动，提高活动质量和效率 3. 根据幼儿特点进行有效的调适，以养成其相对稳定的习惯及行为意识
活动指引	1. 有详细的活动时间表，帮助孩子形成稳定的程序意识 2. 以民主化的管理提高幼儿的自主意识，促使其主动、积极地参与室内外活动
活动建议	便捷、便利、开阔、安全
区域位置	各教学楼的一楼活动室与户外密切相连，使内外活动空间浑然一体

(三)邻近空间

邻近空间的设置目标及活动建议如表2-3所示。

表2-3 邻近空间的设置目标及活动建议

设置目标	1. 有利于活动内容或形式的变化及转换,有时是相互的支持或联系 2. 有益于活动组织、安排的整体性或统一性 3. 能吸引幼儿主动参与,并获得参与活动的整体经验
活动指引	1. 室内外有清晰的流程指引,室外空间相邻在活动中及时指导 2. 活动前可按从慢到快的节奏(活动结束后按从快到慢)进行空间的选择
活动建议	通过箭头、路标、循环通道进行引导
区域位置	沙池与水池区域,动物观察区与植物观察区,科学室内、外实验区

在设计空间时,彼此相关程度较高且容易产生互动的区域,可安置在邻近的空间内,或者以通透的隔离物分离,或者直接相连,形成功能上独立但可以互通的整体(图2-28)。例如,将玩沙区和玩水区邻近,沙水结合既可以增加幼儿活动的兴趣,也方便清洁和整理。

图2-28 架起小桥,让"小岛"互通

二、环境设施追求个性与趣味

现代幼儿园环境设置理念要求幼儿园室外空间是充满体验、冒险和激励幼儿游戏的世界。幼儿园的许多户外空间设施是从市场上购买的,以塑料、铁制的居多,如滑梯、转椅、攀爬架等,这些设施的造型及功能都相对单一,趣味性不足,且难以与周围的环境相融合。佛山市机关幼儿园有经过深思熟虑布置的小路、沙区、小山上的滑梯、凹洞里的挖沙机等,还有根据幼儿园的环境特点自制的充满趣味性的组合型器械,幼儿可以滑滑梯、玩秋千、攀爬等。多元的活动设施可使各种资源协调统一,相互联系,不乏童趣。

(一)小尺度空间

小尺度空间的设置目标及活动建议如表2-4所示。

表2-4　小尺度空间的设置目标及活动建议

设置目标	1. 增加户外空间的多样性，丰富空间环境 2. 为幼儿提供自主选择的机会，满足幼儿独立性和私密性的需要 3. 为幼儿提供同伴交流和小组交流的空间
活动指引	1. 提供接触或靠近这些空间自由活动的机会 2. 有相对稳定的活动计划，并提醒参与活动的幼儿准备一些辅助活动的材料
活动建议	安全检查、时刻关注
区域位置	小木屋、密林

幼儿喜欢躲在帐篷中、墙角处、矮墙围合或半围合的空间里，从适合他们尺度的空间获得心理上的安全感。在幼儿园适当设置类似的游戏活动空间，不仅能对幼儿充满吸引力，还能够满足幼儿的心理需求，促进幼儿心理的健康成长。在小尺度空间中，幼儿可以随机或有选择地与同伴交流、游戏。例如，在户外的角落中，为幼儿设置小木屋（图2-29），幼儿可以在里面自由探索，还可以休息或观察周围环境，不受外界干涉，使幼儿获得充分的归属感、领域感。挪威设计师霍内福斯设计的向日葵幼儿园，就在室外沙坑边设计了木质的小凹室，幼儿玩累了就可以到小凹室休息或在小凹室里继续玩沙。以色列的一所幼儿园则在园内搭起帐篷，幼儿在这些帐篷里进进出出，自得其乐，或者作为交往空间，和同伴一起游戏。这些空间，或许在成人眼中很小，但正是这样小尺度的游戏空间，让幼儿有丰富的空间体验，获得无限的活动乐趣。

图2-29　故事园里的小木屋

（二）攀爬架

攀爬架的设置目标及活动建议如表2-5所示。

表2-5 攀爬架的设置目标及活动建议

设置目标	1. 丰富体育活动器材 2. 发展幼儿手臂力量和身体的协调性 3. 培养幼儿参加动作活动的兴趣，培养其自信心
活动指引	1. 关注手抓上攀和脚踩向下蹬的协调性和身体的稳定性 2. 活动的规则和要求明确，如行进的方向、每次的人数等
活动建议	可采用综合竞赛游戏进行，以安全快速通过的时间为指标
区域位置	运动场、玩悦园、风雨操场

攀爬活动对幼儿的上肢力量及身体的协调性有非常好的效果，有攀爬器械的地方更是吸引他们（图2-30）。幼儿手脚并用，不畏艰难，勇敢攀登，能促进幼儿身体和心理的健康发展。为了安全起见，攀爬架下应是软地或有缓冲作用的保护垫，也可以直接将攀爬架放在沙池里。

图2-30 快乐攀爬中的幼儿们

（三）玩沙、玩水区

玩沙、玩水区的设置目标及活动建议如表2-6所示。

表2-6 玩沙、玩水区的设置目标及活动建议

设置目标	1. 满足幼儿与沙、水进行直接接触的需要 2. 让幼儿充分观察、感受、辨别物质的流动与变化
活动指引	1. 提供活动主题，有效建构幼儿的活动经验，如建造、过滤等 2. 有意识地投放相应的辅助器材，并对幼儿的活动进行引导
活动建议	做好人数分配与器材使用的规划
区域位置	玩沙池、玩水池

沙和水向来都是最受幼儿青睐的东西。幼儿的小脚踩在沙上，手捧流沙，能体会到无穷的乐趣。水和沙形态不同，但又有点相似，可以流动，也可以塑形。沙和水不仅能够给幼儿带来快乐，还能促进幼儿身体机能、认知和情绪情感的发展。（图2-31至图2-32）

幼儿园沙坑里的沙子宜选用细软的黄沙或海沙，取其黏性大且可塑性强的优点。为吸引幼儿兴趣，提高资源的利用率，沙坑、水池周围可添加一些辅助设施或器械。沙坑周围可通过草地、水作为过渡，不仅可解决幼

图 2-31　器材让沙子有了停滞和流动的机会　　图 2-32　玩水池里的快乐

儿带出沙子的问题，也可以沙水结合，增强游戏的趣味性和挑战性；沙坑里添加漏斗、平台，让沙子的流动和停留变得更具体；水池边可建透明的水流管道、人力水车、小喷泉等，丰富幼儿对沙、水的物质属性的认识。

（四）因地制宜、巧用地势

立足园本生态环境，尽量保留幼儿园的自然资源，是佛山市机关幼儿园空间设置所遵循的原则之一。幼儿园的地势若是富有变化，环境自然也就有了丰富的色彩。幼儿总是喜欢在土堆、沙丘等具有一定坡度的场所游戏，他们享受攀爬、下坡、翻滚的乐趣，在自然（或人工）的坡道上顺势设置滑梯，也可在侧面附设凹洞，增强活动的可探究性；同时，可提供铲子、滑板等物品供幼儿使用。变化的地形可以提供给幼儿更多活动的机会，他们从中体验到的快感要远远高于滑梯。（图 2-33 至图 2-34）

图 2-33　在高低不平的小山坡上练习行走　　图 2-34　在山坡上玩爬行游戏

（五）树木

在南方炎热的天气中，大树不但可起到遮阴的作用，也是幼儿园自然生态群落建设中不可少的组成部分。幼儿园中的树木的设置目标及活动建议如表2-7所示。

表2-7 幼儿园中的树木的设置目标及活动建议

设置目标	1. 充分利用场地中的自然资源，进行环境认知和动作训练 2. 认识幼儿园里的各种树木的名称、习性等 3. 合理利用大树的资源，通过相关活动认识自身与自然之间的联系
活动指引	1. 根据季节变化和主题活动要求设计与树有关的活动 2. 选择适合孩子观察、攀爬的大树进行设施改造
活动建议	将树木区域或内容整合到各领域中，以增强活动的丰富性
区域位置	运动园、自然园、玩悦园

自然分叉点低的树木，幼儿可以直接攀爬，树干高的树木可以架上木梯、搭上软梯，积累幼儿的攀爬经验；有条件的幼儿园，可在树上建个树屋，为幼儿提供有趣的活动空间。沙坑、水池可考虑建在树下，为逗留时间较长的幼儿提供荫庇。佛山市机关幼儿园里有很多大树，有榕树、香樟树、人参果树、桂花树、石榴树、橘子树、棕榈树等。这些树不仅是幼儿园户外环境中的一道亮丽景观，也成为幼儿活动的朋友和伙伴；这些大树与他们产生互动，也具有了幼儿的精神和生命力。（图2-35至图2-38）

图2-35 森林小屋，幼儿和大树成了亲密的玩伴

图2-36 添加辅助材料，让树可以爬

图2-37 在吊床上体验快乐摇荡的感觉

图2-38 帮鸟儿在树上安家

（六）楼顶平台

为了缓解现代幼儿园户外活动场地不足的问题，开辟楼顶平台是一个不错的考虑。平台首先要设置安全防护网（栏），保证幼儿的安全。在平台上可以搭建遮阳罩，种植绿色植物，摆、建相应的体育活动设施或开辟种植园地，让平台成为幼儿快乐活动的天地。

三、环境设施功能齐全

幼儿园里的操场、山坡、草地只是"静止"的环境空间，幼儿园户外活动空间对幼儿有良好的影响作用，并需要与幼儿相互适应。因此，幼儿与户外活动空间之间的作用过程是双向的，呈现一种互动的关系。有时候，环境自身并不能与儿童发生交流和互动，这时就需要提供相应的器械、材料，或者说提供一个工具或桥梁。

（一）活动器材的投放

幼儿园环境中的设施材料是促进幼儿全面发展的重要元素。有针对性地选取并按一定的数量投放设施，将对幼儿各项动作技能的发展起到辅助和促进作用。值得一提的是，设施的外形要和幼儿园文化及环境风格相融合，与整体环境构成一个和谐的统一体。同时，要定期对设施进行检查、修理或更换，以保证幼儿可以安全地使用。《幼儿园教育指导纲要（试行）》和《3～6岁儿童学习与发展指南》都指出，游戏是幼儿学习的基本方式，幼儿通过游戏认识外部世界。活动设施则为幼儿游戏提供了基本的平台，它与幼儿的心理活动及行为有着密切的联系。适宜的活动设施会使幼儿真正找到自我，缓解焦虑情绪，促进其健康成长。幼儿活动环境中的设施不应该仅局限于玩，更应该是让幼儿通过它学有所得、有所成长，如培养孩子探索的精神、克服困难的勇气、团队合作的能力等等。[1] 而现实的情况是，大多数幼儿园设施的提供只停留在器、物的设计与建设层面，缺少物与人之间的联结，从而忽视了幼儿成长的真实需求，缺乏真正支持幼儿健康成长的理论和实践创新。[2] 为了突破现状，佛山市机关幼儿园将户外活动设施设计成可移动的器材，加大了各种体育器械功能及效果的运用。（图2-39至图2-44）

---

[1] 参见汪颖赫《幼儿园户外空间环境设计研究》，东北林业大学硕士学位论文，2011年。
[2] 参见李美《基于儿童发展心理学的儿童娱乐设施研究》，河北工业大学硕士学位论文，2012年。

图2-39　自制滚桶——练习控制　　　图2-40　废旧纸团——练投掷

图2-41　自制木架——练攀爬　　　图2-42　自制荡桥——练平衡

图2-43　触跳架——练习跳跃　　　图2-44　攀爬墙——练攀登

幼儿园户外传统活动器材主要有以下几种：

（1）攀登类：攀爬架，木制攀爬架、联合攀登架及绳结的软攀登架、竹梯等。

（2）摇荡类：靠外力或者幼儿自身的协调能力使身体轻微摆动，如秋千、摇椅、浪木桥（船）等。

（3）旋转类：以转盘为中心轴，转盘边缘设在支架上，有座椅或扶手，在外力的作用下旋转，如转椅等。

（4）平衡类：如平衡木、平衡条、梅花桩等。

（5）钻爬类：利用木材、塑料、钢管或帆布等材料组成有趣的造型，幼儿可在其中钻爬，如钻爬管、钻爬筒。

（6）起落类：幼儿坐在两端，通过轮流蹬地而上下起落，如跷跷板。

（7）滑行类：幼儿从爬梯登高后，依靠身体重力沿着坡道滑下，如各类滑梯。

有些器械，如秋千、荡桥等，在幼儿玩耍的过程中会出现碰撞的危险。所以，器械之间应该保持一定的距离；固定器材应设置在离经过人流较远的空间；针对广东天气炎热、阳光直射时间较长的气候特点，活动场地应栽种高大乔木以便遮阴；活动的设施也尽量安排在绿地或采用柔性铺装的地面上。（表2-8）

表2-8 佛山市机关幼儿园基本户外体育器械配置

名称	配备数量	规格尺寸（m×m）	安全维护范围	占地面积（m²）
攀登架	2	2×2	2	9
平衡木	8	2×0.1	8	10
拱形门	10	1×0.5	1	25
滑梯	3	2×0.4	1	9
攀爬网	1	1.5×1.7	1	6
跷跷板	1	2×0.5	1	4.5
平衡桥、联合架	3	1.5×0.8	1	6

此外，幼儿在使用这些活动设施之前，教师应对幼儿进行使用规范教育，对某些注意事项进行强调，以保证幼儿安全活动。同时，教师要时刻注意幼儿的活动，及时纠正幼儿不正确的行为，使幼儿逐渐形成安全活动的意识。适宜的活动环境、材料不仅有助于幼儿肢体和技能的发展，也会促进幼儿与同伴、成人或自然环境之间的互动。在自主的环境中，幼儿将会全身心投入，一个人或与其他同伴一起活动，发挥主动性和想象力，并学会与他人分享、交流和合作。（图2-45至图2-51）

图2-45 有利于幼儿在游戏环境中自主交往

图2-46 在宽松自在的环境中阅读

图2-47　有利于形成密切的亲子关系

图2-48　和教师一起在种植园观察植物

图2-49　和同伴一起辨别植物叶子的特征

图2-50　观察榕树的树干和气根

图2-51　在天台种植园了解无土栽培

(二) 温馨有趣的小角落

佛山市机关幼儿园已有60多年的历史，建筑年代和风格各有不同，角角落落也很多。将这些角落利用起来，也能发挥出有效的教育作用或其他意想不到的功能。(图2-52至图2-65)

图 2-52 种类多样的植物世界

图 2-53 绿树掩映下的梦想启航雕塑

图 2-54 楼梯底下的干性植物区

图 2-55 梦想墙转角绿化区

图 2-56 楼梯底下的喜湿性植物区

图 2-57 班级露台上的植物角

图 2-58 幼儿在楼梯角的阅读馆活动

图 2-59 温暖明亮的语言区

图2-60 舒适安静的阅读区

图2-61 家长助教在妈妈工作室指导孩子

图2-62 课室走廊上设置的美工区

图2-63 柔软温馨的娃娃家

图2-64 阁楼楼梯下设置的角色区

图2-65 阁楼楼梯设计成幼儿作品展示区

第三章 身心和谐发展视角下的愉快体育课程建设

教育的目的是"促进人的一切天赋能力和力量的全面、和谐发展"①。正如苏霍姆林斯基所说:"学校教育的理想是培养全面和谐发展的人,社会进步的积极参与者。"② 人的身心和谐发展是指人在德、智、体、美等方面获得全面的、充分的、协调的和自由的发展。为了实现这一目标,"教育必然要为人的身心发展的客观规律所制约,也就是说,教育活动必须遵循人的身心发展规律,才能收到预期的效果,才能促进人的身心发展,才能使人的身心得到健康发展"③。

第一节 愉快体育的历史回顾与理念创新

一、佛山市机关幼儿园体育课程的历史回顾

从战争年代走过来的前辈们都知道,强健的身体和尚武的精神是一个民族的优秀基因。历经60多年的变迁,从前辈们手里传承下来的基本教育理念和课程价值被完好地保存了下来。

佛山市机关幼儿园历来有重视体育的传统。建园初,虽是全日制日托幼儿园,但由于那个时代的特殊性,许多家长无法及时来接孩子,甚至有的家长上山下乡,一去就是一年半载,许多无法由父母照看的幼儿都由教师带回家去照顾。开办全托后,由于幼儿年龄小,容易患病,为了提高他们的抵抗力、增强体质,幼儿园摸索出一套"三浴"锻炼的方法和措施,通过晒太阳、坚持用冷水擦身和洗澡等,增强了他们的身体素质,这几乎

---

① 滕大春:《外国教育通史(第三卷)》,山东教育出版社1990年版,第186页。
② 蔡汀、王义高、祖晶:《苏霍姆林斯基选集(第四卷)》,教育科学出版社2001年版,第13页。
③ 王焕勋:《实用教育大辞典》,北京师范大学出版社1995年版,第232页。

是当时最"时髦"的体育锻炼活动。20世纪六七十年代,随着入园幼儿的增多,又由于物资匮乏,吃饱穿暖成为幼儿园的重要工作,体育锻炼也受到了限制。70年代后期,幼儿园的条件有所改善,设施设备也得到了增添,有滑梯、单杠、木马、大转盘等有趣的运动器械,幼儿园不仅坚持开展"三浴"锻炼,以武术、跳皮筋等为主的传统体育活动也丰富起来。《幼儿园工作规程(试行)》《幼儿园教育指导纲要(试行)》《3～6岁儿童学习与发展指南》的颁布,激发了幼儿园课程改革的热潮,特别是《幼儿园教育指导纲要(试行)》带来全新的教育理念,逐渐改变了过去以教材和教师为中心的教育观和儿童观,让幼儿的学习和发展有了全新的视角,这也就是"愉快体育"的起源。(图3-1至图3-4)

图3-1 60年代,幼儿在享受阳光浴

图3-2 70年代,幼儿在进行冷水浴

图3-3 80年代,幼儿在进行体育游戏

图3-4 90年代的早操活动

(一)愉快体育课程雏形阶段(2001—2006年)

这一阶段,在《幼儿园教育指导纲要(试行)》的引领下,佛山市机关幼儿园开始更新教育观念,全面梳理幼儿体育活动的经验,结合新课程改革以儿童为主体的理念,酝酿和实践愉快体育的思路。在全面审视幼儿体育活动的基础上,结合幼儿的年龄特点,将教学与游戏相结合、学习与娱乐相结合，杜绝单向、枯燥、死板的教学活动形式，逐步探索以幼儿为中心的游戏化体育活动，坚持传承传统体育文化，开展精武活动和"三浴"锻炼，将体育打造为佛山市机关幼儿园的教学优势。在这一阶段，教与学的积极性得到了充分的发挥，教师和幼儿一起结合佛山的地域文化，自创出许多形式新颖、生动活泼的体育活动形式，如传统武术教学、舞龙狮、体操活动等充满本地特色的课程在这一阶段得到了有效的促进。（图3-5至图3-6）

图3-5 幼儿们在进行舞狮表演

图3-6 幼儿们在学习武术

此阶段，佛山市机关幼儿园申报的佛山市"十五"规划课题"同伴对话的实践研究"取得显著成果，实践成效在教学实践中得到推广和运用。在强调师幼平等对话的情景中，佛山市机关幼儿园的混龄区域体育活动也初具规模，为幼儿园深化体育特色奠定了良好的基础。

（二）愉快体育课程发展阶段（2007—2012年）

2007年，随着全国幼儿园课程改革的不断深入，佛山市机关幼儿园的愉快体育指导理念也日渐清晰，并积累了一定的开展愉快体育的实践经验。在此基础上，佛山市机关幼儿园成功申报了佛山市科技局"佛山市科技发展专项资金项目"，获得专项资金支持，逐步建构起愉快体育课程的目标、内容、途径和评价体系。通过实践性研究的途径，探索具有本园特色的愉快体育课程，使愉快体育扎根于佛山市机关幼儿园，成为五大领域课程的核心和基础。

此阶段，为了使课程理念落实到教学实践活动中，大力提升教师的专业能力成为课程开发的关键。以骨干教师和青年教师组合而成的学科组逐渐成为课程开发团队的核心。教师主动上课、研课的积极性被充分调动起来，有一技之长的武术教练、龙狮会的师傅成为佛山市机关幼儿园体育课程开发的成员之一，多样的器械激发了幼儿的活动兴趣，全方位锻炼幼儿体能。教师们还善于变废为宝，自制体育器械，创编了不少有趣的体育游

戏。教师小组或个人承担的子课题、小课题研究蓬勃发展起来。（图3-7至图3-8）

图3-7 用盒子进行一物多玩游戏

图3-8 游戏化的体能锻炼活动

早在2004年，佛山市机关幼儿园就作为广东省素质教育实验园，参加了由广东省教育厅教研室组织的素质教育课程的研究，编写幼儿素质教育操作材料系列——《游戏·娱乐·运动》（大、中、小班上下册）幼儿操作用书和教师指导用书，2006年改版后由高等教育出版社出版发行，并在广东省推广。2008年，由广东省老教授协会幼儿教材编写委员会组织，佛

图3-9 荣获广东省中小学教育创新成果二等奖

山市机关幼儿园主要负责的"幼儿成长课程"健康领域的编写工作已经完成，其成果——幼儿用书和教师用书（大、中、小班上下册）于2010年完成全部的编写工作，由广东省科技出版社和广东省海燕电子音像出版社出版发行，并在广东省汕头市得到推广运用。2012年，佛山市机关幼儿园以体育为核心内容的研究项目"运用愉快体育促进幼儿身心和谐发展"荣获广东省中小学教育创新成果二等奖（图3-9），成为此奖项开设20年来为数不多的获奖的幼儿园之一。

在这一阶段的实践中，佛山市机关幼儿园的体育教学已经具备成熟的模式，一日生活课程中的体育活动由"大、小体育"组成，逐步走向生活化。愉快体育也成为佛山市机关幼儿园一张亮丽的名片，许多领导和同行慕名前来观摩学习。

（三）愉快体育课程推广阶段（2013年至今）

愉快体育课程实施多年，有着值得保留和推广的理念和经验。"一花独放不是春,百花齐放春满园"。2013年4月,佛山市机关幼儿园顺利承办了禅城区幼儿园教育科研优秀成果展示交流会并分享交流"运用愉快体育促进幼儿身心和谐发展"的创新研究成果,积极向社会推广介绍了佛山市机关幼儿园愉快体育的课程模式;至今已接待省、市、区同行多次观摩学习愉快体育课程的教学以及分享研究成果。2012年,教育部颁发了《3~6岁儿童学习与发展指南》,充分遵循孩子发展的规律,提出了符合时代要求的科学育儿理念。在学习《3~6岁儿童学习与发展指南》的过程中,佛山市机关幼儿园愉快体育课程不断汲取理念的精华,创新体育活动,深入研究愉快体育的园本课程,促进科学教育和优质办园。

这一阶段,科学办园的思想更加立体地支撑起园本课程建设的思路,佛山市机关幼儿园在继续完善愉快体育课程模式的基础上,将科学体育的思想贯穿始终,关注幼儿身体发育、身体素质和心理品质的全面发展。佛山市机关幼儿园成功申报广东省教育科学"十二五"规划课题2012年度"强师工程"项目并开展"构建愉快园本课程促进幼儿身心和谐发展"研究,全面梳理愉快课程经验,探索幼儿愉快发展的园本课程模式。在前期实践中,结合"自然·爱·悦·梦想"办园理念,佛山市机关幼儿园将园区规划为五个大区块——运动园、创意园、自然园、玩悦园和故事园,开设了19个体育活动区块。而且,通过后勤部门与教育部门的配合,依照"节约、绿色、安全"的原则,研发和自制了一批功能多样、层次分明、可组合变化的小、中、大型环保运动器械,激发了幼儿参加体育活动的兴趣,最大限度地支持和满足了幼儿通过直接感知、实际操作和亲身体验获取经验的需要。

此外,佛山市机关幼儿园将在继续坚持开展自然体育理念的指导下,为增强幼儿的体质,在家长自愿和幼儿体质允许的情况下,鼓励秋冬季节逐步开展空气浴锻炼。而且为促进"三浴"锻炼等体育活动科学有效开展,自行开发了幼儿体质监测管理系统,对教育教学和保育保健中分散的幼儿体质测查数据做全面、系统的统计与分析。

愉快体育研究深度不断拓展,特色逐渐形成,并成为同行学习的资源,价值得到了体现。在今后的研究中,佛山市机关幼儿园将继续加强对各年龄段体育活动的研究,探索研究性开发和使用教材的经验,形成更完整的课程系统。

二、愉快体育的理念创新

愉快体育是遵循幼儿身心发展的规律和特点,使幼儿在一定的空间,借助相关的材料及组织形式所开展的体育活动。它区别于"放羊式"的放任自流,区别于说教式、训练式的被动接受,强调以幼儿为中心,注重幼儿的主动参与、相互合作,以"玩中学"来激发和培养幼儿的体育兴趣,并在体育活动中发展幼儿的合作精神、集体意识以及交往能力,培养幼儿不怕挫折、勇于竞争、敢于创新的良好品质,形成幼儿终身参加体育锻炼的志向和习惯。

(一) 与办园理念相一致

愉快体育首先与佛山市机关幼儿园"自然·爱·悦·梦想"的办园理念相辅相成,它是在践行佛山市机关幼儿园的核心价值。体育活动中,幼儿也许会缺乏自信和勇气而不敢去尝试,教师常常做的是给予他们一个拥抱、一声鼓励,让他们在爱中成长。教师还特别注重对幼儿心灵的呵护,让幼儿能够悦纳自己,不会因为自己过分的情绪或者行为而伤害到他人,给予幼儿一个安全的自我空间,让幼儿学会控制自己的情绪和行为。例如,在区域活动中,面对不同年龄的同伴,幼儿能够在开放的空间自由地进行同伴交往,不拘束,不胆怯,提升自己的社会交往能力,在交往的过程中学会安慰他人、悦纳他人。(图3-10至图3-11)

图3-10 互助、友好的同伴关系

图3-11 乐观、向上的集体氛围

(二) 与生活化的课程理念相一致

愉快体育形成了"大体育式"的指导思想。佛山市机关幼儿园让幼儿走进生活,走入社会,在游戏中学习,让幼儿的体育课程既愉悦又可以融合各领域的知识,在过程中享受"玩与学",实现"大体育"的全园化、游戏化、生活化、社会化、渗透化等,形成了"大体育"式的愉快体育指导思想。教师的教学方式逐渐发生了转变,教师们积极把办园理念和"大体育"思想渗透于每一领域的学科教育和日常生活中,实现了生活的体验学习,教学内容结合了其他领域的内容,形成教师乐教、幼儿乐学,两者共同成长。"大体育"课堂也走进了社会的大课堂，如"小小志愿者"参与公益性活动、参与社区文明创建活动等，让幼儿感受社会文化。（图3－12至图3－15）

图3－12　户外区域混龄活动中的孩子们

图3－13　激情四射的早操比赛现场

图3－14　环保志愿者宣传活动

图3－15　亲子游戏活动

（三）与儿童发展需要的课程向度相一致

愉快体育基于幼儿身心发展的需求，创新多种形式的体育活动。融合混龄教育，开展户外区域混龄体育活动，实现体育活动的开放性和自主性，尊重每一个幼儿的个性发展，给予幼儿更多的"自由"——自选区域、自由结伴、自主活动，加强了混龄幼儿之间的交往，实现"以玩交友"。为增强幼儿的体质，提高幼儿的抵抗能力，科学开展适应季节性的"三浴"锻炼。佛山市机关幼儿园在每天的常规体育运动锻炼中采取有效措施，利用循环式晨练、模仿性和趣味性很强的幼儿早操、"在情景中游戏，在游戏中锻炼"的体育教学活动等，激发幼儿对户外体育活动的兴趣。亲子运动、幼儿体育擂台赛、武术操、阳光小军营等都融入愉快体育的建构之中。（图3－16至图3－19）

图3-16 强身健体,发扬精武体育精神

图3-17 自制滚筒,有趣又好玩

图3-18 亲子运动会上的一家三口

图3-19 幼儿在进行水浴活动

第二节 户外区域混龄活动的实施

佛山市机关幼儿园秉承"自然·爱·悦·梦想"的办园理念,将区域活动作为串联教育活动、生活活动和游戏活动的一条主线,利用得天独厚的户外环境和场地资源,尝试将户外环境和区域活动进行融合,以混龄的形式进行活动的组织,在推进教育活动有效性、提高活动质量的过程中作出了新的尝试。

所谓户外区域混龄体育活动,是指幼儿园根据幼儿体育教育的目标、内容与要求,创设若干运动区域,并投放不同的运动器械,打破幼儿年龄、班级的界限,让其在各个区域内以自己感兴趣的方式自主进行体育活动,从而使幼儿在相互接触与交往中实现相互影响、共同提高。

一、构建愉快体育活动目标

游戏是幼儿的基本活动，是幼儿获得知识、经验的重要途径之一。不同年龄的幼儿在一起游戏，是一种相互学习、指导的过程，是幼儿教幼儿。《陶行知论生活教育》中指出："先过那一种生活的是那种生活的先生，后过那种生活的是那一种生活的后生"，"小孩子先过了这种生活，又去教导前辈或同辈的人去过同样的生活，是实相副的小先生"，"为学而学，不如为教而学之亲切。为教而学必须设身处地，努力使人明白，自己便自然而然的格外明白了"。[①] 在游戏中幼儿教幼儿就是幼儿之间的对话，教的主体和学习者都是幼儿，有共同的语言，脱离了成人文化的痕迹，在自发、主动的环境中获得发展。

（一）户外区域混龄活动理论依据

幼儿园户外混龄活动的实施理论依据以皮亚杰的建构主义理论、维果斯基的最近发展区理论、布朗芬布伦纳的人类发展生态学理论，以及《3～6岁儿童学习与发展指南》和《幼儿园教育指导纲要（试行）》为主。

1. 皮亚杰的建构主义理论

认知学派的重要代表人物皮亚杰的观点揭示了儿童认知发展的规律，他认为同化与顺应之间平衡的连续发展是整个认知发展的过程，而两者之间的不均衡状态会导致幼儿的"认知冲突"。在混龄活动中，幼儿之间的相互交往和互动为幼儿提供了观点抵触的机会，从而产生了"认知冲突"。幼儿意识到自己的观点与其他幼儿的不一样，于是开始接纳、适应，或者调整自己的认识结构，从而促进自身的发展。因此，在幼儿园实施混龄课程有利于不同年龄阶段幼儿认知、情感以及社会性等各方面的发展。

2. 维果斯基的最近发展区理论

维果斯基则强调"儿童是通过与比较有知识的人的共同互动，在做中学习的"[②]。在跨龄的幼儿互动活动中，能力强的幼儿能为能力较弱的幼儿提供支架，这种支架恰好是落在能力较弱幼儿的最近发展区。当幼儿通过更专业的同伴协助形成新的结构时，这将带动能力较弱的幼儿进步，实现最近发展区所应达到的水平。与同龄活动相比，在混龄活动中，幼儿有机会与各种发展水平的伙伴结成广泛的关系，这就为幼儿的发展提供了潜在

---

① 徐莹晖、王文岭：《陶行知论生活教育》，四川教育出版社2010年版。
② 高文：《维果斯基心理发展理论与社会建构主义》，《外国教育资料》1999年第4期。

而广泛的互动经验与联系。

3. 布朗芬布伦纳的人类发展生态学理论

按照布朗芬布伦纳的人类发展生态学理论，幼儿处在一个非常复杂的关系系统中发展，其发展是生态环境系统适应性调节的必然结果。混龄教育的环境就是一个自然的生态环境系统，不同年龄阶段的幼儿都可以在这个环境系统中找到自己的定位和发展的空间。在混龄交往的过程中，幼儿之间的个体差异性远远大于同龄幼儿交往中的差异性，而这种差异性使不同年龄幼儿间的组合方式在探索环境的态度和方法上变得千差万别。也就是说，面对同一环境时，同龄互动、中班小班互动、中班大班互动、大班小班互动等不同的组合方式对幼儿发展的作用是不一样的。因此，混龄教育对幼儿的发展就具有了极大的意义。

4. 《3～6岁儿童学习与发展指南》

《3～6岁儿童学习与发展指南》在"健康领域"中明确指出："健康是指人在身体、心理和社会适应方面的良好状态。"这一阐述体现出健康观念的基本内涵。《3～6岁儿童学习与发展指南》从幼儿学习与发展的角度提出幼儿在健康领域应该学习与发展的具体目标和主要内容要围绕幼儿身体健康和心理健康（包括社会适应能力）而展开。户外区域混龄活动作为幼儿健康活动的一个组织形式，它的开展不仅能弥补集体类健康活动整齐划一的不足，还能满足不同幼儿不同能力发展的需要，对幼儿自主性发展具有一定的推动作用，因此，它的目标就要着重于运动兴趣、创新合作、自主发展三维目标。[①] 同时，要考虑各活动区域空间的划分、区域运动器械的运用、幼儿不同的年龄层次等因素。

5. 《幼儿园教育指导纲要（试行）》

《幼儿园教育指导纲要（试行）》中指出，游戏是幼儿园的基本活动。幼儿园的一切活动都要以游戏为组织形式，游戏是幼儿身心健康发展所不可缺少的一种活动，幼儿通过游戏学习、感知，在游戏的情境中了解万物。幼儿的成长离不开游戏，作为幼儿游戏新形式的混龄游戏具有游戏的各种特性和优点，同时也有自己的特质，它将处于不同年龄、不同能力的幼儿组织在一起开展游戏，既使幼儿游戏发挥了最大的价值，又使幼儿在混龄游戏中相互交往、相互合作，能够在一个他们能彼此了解而且分享的水平上进行沟通，培养幼儿良好的社会行为和丰富的社交策略。从这种程度上说，幼儿教育就是游戏教育，混龄教育实质上就是混龄游戏教育。

---

① 参见杨金凤《运动中成长——运动活动中师幼积极有效互动的探索》，上海教育出版社2011年版。

混龄游戏在我国幼儿园早已开展，在实践过程中也积累了一定的经验和方法。较为成熟的是混龄体育活动的实施，但在活动设计、组织、材料投放、指导等方面也存在一些问题。

（二）当前混龄体育活动存在的主要问题

现阶段从全国范围来看，混龄教育尚处起步阶段，而且各地实施时差异性很大。基于我们的调查研究，当前幼儿园混龄体育活动存在下列问题。

1. 目标设定不够全面

混龄体育活动无论总目标还是具体活动目标，只关注大带小，而疏忽了小促大的作用。将低龄幼儿放在弱势地位，其学习的独立性和自主性难以体现。究其根源，是教师对混龄教育的认识不够全面。因此，实施混龄活动，一定要加强教师的教育观念的更新，促进其教育素养的提高，在专业化方面要加强培训和指导。

2. 缺乏系统性、整体性

混龄教育不仅仅是几个班级的事，应视为幼儿园教育的基本模式之一；它也不是几个班主任随意所为，而是在幼儿园整体教学计划之下的教育行为。由于对混龄教育认识不足，混龄体育活动缺乏系统性和整体性。执教者并没有从长远的角度出发，制定学期或学年的混龄体育活动计划，多是出于短期目的，在内容的选择和时间的安排上，表现得散乱、随意。由于计划不周全、准备不充分，教师组织得很吃力，效果却不尽如人意，还易遭受家长的误解和埋怨。

3. 关注个体差异不够

开展户外混龄体育游戏中，由于幼儿都穿插到各个活动中，在不同活动区里游戏，活动区幼儿的流动量也较大，活动区的教师对不是本班的个别幼儿的个体差异难以察觉。例如，个别幼儿的情绪教师难以关注到，就算教师关注到了，幼儿对教师不熟悉，加上还要负责本区活动的指导，安抚幼儿的情绪也需要一定的时间。幼儿的情绪不好，对活动的参与度就不强，就会直接影响到活动的效果。

4. 冲突的解决策略不足

发生冲突时，由于幼儿的混龄交往能力欠缺，又不懂得如何处理、解决矛盾，容易依赖他人介入，向他人求救，存在着畏惧、逃避心理。幼儿此种畏惧、逃避心理的形成是与他人的心理引导密切相关的。如果教师能正确把握这一契机，充分利用时机，对幼儿同伴关系的良好发展给予及时有效的指导，幼儿的交往能力就能得到飞跃；如果这时候教师给予的是命令，强行中断正在发生的同伴交往现象，那就会使大量的教育机会流失，使幼儿养成畏惧心理。

5. 跨度单一，形式单调

混龄体育活动选择的跨度和形式是整个教学计划中的一部分，应形式丰富又切实可行，能够满足不同年龄幼儿的不同能力发展的需要。实践中，有些幼儿园过于强调混龄活动的实施难度，而在尝试混龄的跨度、教学形式方面非常单一，导致活动效果不理想。

6. 投放材料的层次性不强

幼儿在与环境的互动中获得发展，在与材料的互动中不断提高认知能力。而目前，教师们投放的材料层次性不强，例如，提供的游戏材料都是一样的，对低龄幼儿来说难度高了，对大龄幼儿又简单了，不能满足不同年龄、不同层次幼儿的需要。教师在投放各种材料时，不仅要注意材料的丰富多彩、新型、趣味等，还要注意能够根据幼儿发展的需要进行灵活的调整和补充，提高材料使用的多样化、层次性。

7. 沟通欠缺，家园相逆

在国内幼教界普遍实施分龄教育的大环境下，实施混龄教育对于幼儿园来说可谓是新的尝试，需要家长的配合与支持。一些幼儿园在尝试开展了一个阶段的大班、中班混龄体育活动后，遭到一些家长的反对。中班幼儿的家长担心自己的孩子会受到大班幼儿的欺负，容易造成幼儿的畏缩行为；大班幼儿的家长则认为大龄幼儿与低龄幼儿一起玩，只是有利于低龄幼儿的发展，对大龄幼儿没有什么帮助。问题产生的关键在于，幼儿园没有就混龄体育活动的内容、方法、时间、形式等与家长进行及时沟通。应当让家长充分认识到混龄教育不仅有大带小、大帮小的功能，还有小促大、小助大的作用。这样的沟通相信会得到绝大多数家长的理解和支持。

（三）户外混龄区域活动的积极尝试

国内在混龄游戏方面的理论和实践研究都相当少，因此，如何运用混龄游戏促进和培养幼儿的良好个性和身心和谐发展，探索出一条适合我国幼儿教育的混龄游戏开展方式，是我国幼儿教育的一个重要任务。

佛山市机关幼儿园作为全国幼儿教育最基层的一分子，在混龄教育方面也迈出了重要的一步，即以户外体育游戏活动为依托的区域性主题游戏组织的探索实践，将幼儿游戏这一基本的外在活动与幼儿年龄特征及幼儿园自然环境资源结合起来，为学前教育理论研究提供一个新的角度，为幼儿教育以及重新审视学前游戏教育研究中存在的问题提供一个新的生长点。虽然现阶段也处在限于某一时段或某一活动采用"大带小"活动方式，但是在"自然·爱·悦·梦想"的办园理念引领下，坚持"培养健康、快乐创新的孩子"的办园目标，以健康领域为突破口，为促进幼儿全面和谐发展作出了有益的探索与实践。

(四) 户外区域混龄活动目标的表述

户外区域混龄活动目标的表述特点如图 3-20 所示。

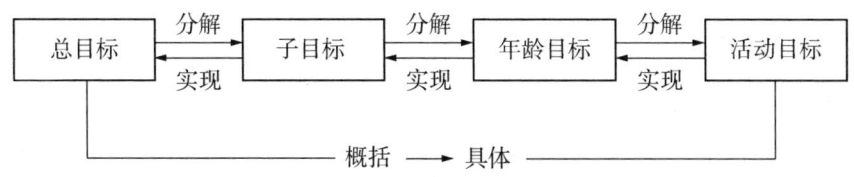

图 3-20 户外混龄活动目标

首先，活动目标的实现是达成年龄目标的必然环节，特别是在混龄活动中。因此，在制定具体的活动目标时，要紧扣年龄目标。

其次，表述要具体、明确，操作性强。宜采用幼儿行为目标的表达方式，即以幼儿应习得的各种行为来表达活动目标。

最后，活动目标的内容应从发展幼儿的认知、情感和态度，以及动作和技能等几个方面全面考虑，体现活动功能的综合性。

丰富的游戏内容是户外区域混龄活动的重要特点，主要体现在场地设置的多样、玩具材料的丰富、活动形式的多样等方面。户外区域混龄活动要根据活动目标，在各个区域摆放不同的活动材料，设置不同的游戏情节。总之，在不同的区域，每个幼儿都可以选择自己感兴趣的运动材料和运动方式，自主地活动，从而使其运动能力得到均衡的发展。

(五) 户外区域混龄活动目标确定原则

在制定户外区域混龄活动内容时，要充分考虑"全面发展原则"。这个原则有两层含义：一是指幼儿的户外区域混龄活动应尽量使幼儿身体的各个部位、各个器官系统的机能、各种基本活动能力和身体素质等，得到全面协调的发展；二是指户外区域混龄活动的主要功能是锻炼幼儿的身体，增强幼儿的体质，但在具体开展户外区域混龄活动时，同样应该发挥运动在促进幼儿认知、情感、态度、社会性和个性发展方面的功效，实现幼儿的全面和谐发展。因此，我们在确定幼儿户外区域混龄活动内容时，首先要明确幼儿各类动作和器械练习与幼儿身体素质发展的关系（见表3-1），并以此为基础，结合佛山市机关幼儿园已有的特色课程制定户外区域混龄活动内容。

表 3-1 各类动作和器械练习与幼儿身体素质发展的关系①

各类练习		力量素质			耐力素质	调整素质				
		上肢	下肢	躯干		速度	平衡	柔韧	灵敏	协调
基本动作练习	走		☆		☆		☆			
	跑		☆		☆	☆			☆	☆
	跳跃		☆		☆	△	△		☆	☆
	投掷	☆		☆	△			△		
	攀登	☆	☆	△		△	△		☆	☆
	钻		☆					☆		
	爬	☆	☆	☆	△		△		☆	☆
器械练习（举例）	转椅						☆			
	脚蹬车		☆				☆		△	△
	滑板车		☆				☆		△	
	跳绳	△	△	△	△					☆

注："☆"表示关系密切，"△"表示关系比较密切。

（六）户外区域混龄活动目标与内容的设置

根据佛山市机关幼儿园的户外场地实际情况，我们充分挖掘本园的体育环境资源，因地制宜地把户外园区划分为 19 个运动区域（图 3-22）。根据中班、大班幼儿的年龄特点和发展需要，整合幼儿园原有的体育课程资源，制定丰富的户外区域混龄活动内容。

---

① 参见张慧和、顾荣芳、薛菁华《幼儿园课程指导丛书——健康》，南京师范大学出版社 1997 年版，第 61 页。

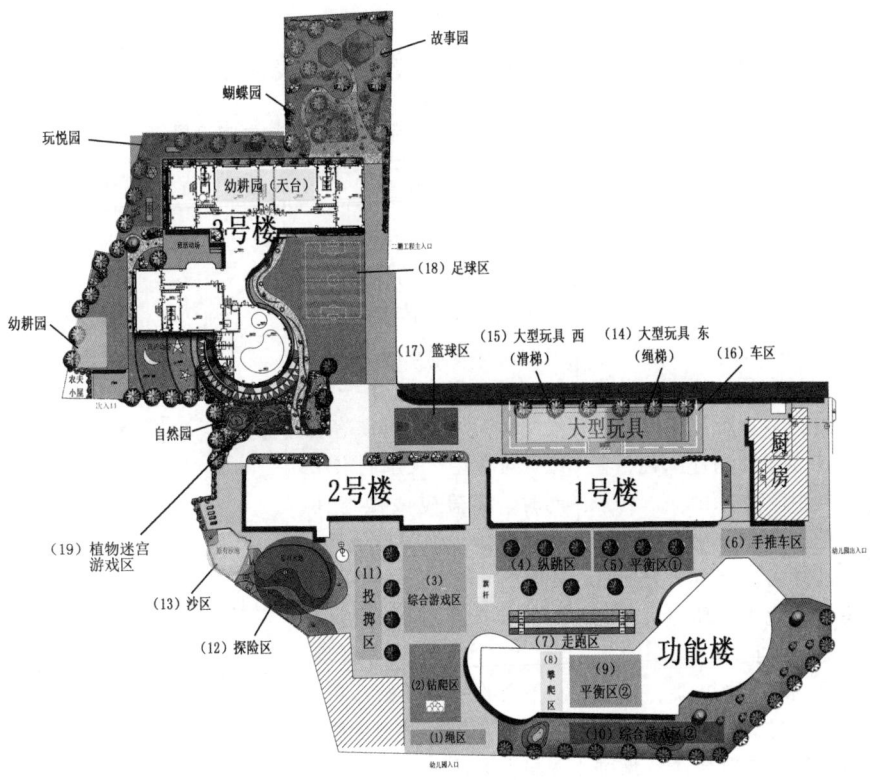

图3-21 佛山市机关幼儿园户外运动区域分布

1. 玩绳区

玩绳区的户外混龄活动目标及其内容设置如表3-2所示。

表3-2 玩绳区的户外混龄活动目标及其内容设置

目 标	活 动 建 议	活动场地	材料投放
1. 尝试利用长短不一的绳索进行多种玩法游戏，感受其多变性和趣味性，在运动中体验快乐 2. 在一定的基础上循序渐进地学习跳绳的方法，在绳类游戏中提高与玩伴合作游戏的能力 3. 发展多种纵跳、双脚跳、斜进跳、单脚跳、跨跳等跳跃动作能力，增强弹跳能力和动作的灵敏性、协调性；学习在跳跃中自我保护的方法	1. 引导幼儿玩绳、跳绳，感受长短不一的绳的利用和游戏价值，体验玩绳和与同伴合作游戏的乐趣 2. 进行跳跃游戏时，提醒幼儿跳跃要用前脚掌落地，减少对脊柱、大脑的震动；同时，膝盖应微微弯曲，缓和膝盖、脚踝与地面接触时的冲击 3. 降低难度，分解跳绳动作，引导幼儿学习跳绳，从单独的甩绳开始（单手甩、双手甩），再到手脚协调同步练习 4. 跳跃游戏对体力消耗较大，注意调整游戏的强度与密度，游戏时间不宜过长，要注意适时休息调整 5. 提示幼儿要注意活动的空间，培养幼儿的安全意识和自我保护意识	适宜选择较为开阔的空地	60厘米短绳、3米左右跳绳、6～8米长绳，依照入区人数和活动需要适量投放

2. 钻、爬游戏区

钻、爬游戏区的户外混龄活动目标及其内容设置如表 3-3 所示。

表 3-3　钻、爬游戏区的户外混龄活动目标及其内容设置

目　标	活动建议	活动场地	材料投放
1. 学习各种爬行动作：手膝着地爬、手脚爬、匍匐爬、钻爬、横爬；锻炼上下肢与背部、腰腹肌肉的力量 2. 能以手脚并用的方式安全地钻、爬、攀通过各类障碍，锻炼上下肢动作的协调性和灵活性 3. 大胆参与活动，遵守安全规则，游戏时能主动躲避危险，加强自我保护意识	1. 以丰富多样的游戏形式和设计游戏情节引导幼儿进行活动，提高幼儿参与的兴趣 2. 注意科学设计好游戏路径，控制幼儿出发的速度，保持间距，避免在通过器械时，因人多拥挤而发生危险 3. 适当调整循环游戏的密度，根据季节调整运动量的大小 4. 在预测到有安全隐患的位置，教师注意必要的提醒和保护	选择立方体钻、爬类大型玩具及周边场地	海绵垫、竹梯、钻洞、拱门、辅助玩具及游戏所需材料

3. 民间传统游戏区

民间传统游戏区的户外混龄活动目标及其内容设置如表 3-4 所示。

表 3-4　民间传统游戏区的户外混龄活动目标及其内容设置

目　标	活动建议	活动场地	材料投放
1. 以积极、愉快的情绪参加传统民间体育游戏活动，感受游戏中蕴含的传统文化和乐趣 2. 在游戏中乐于与新朋友交流，学习与同伴合作、分工，遇到困难一起解决，感受与朋友一起玩的快乐 3. 能想办法吸引同伴和自己一起游戏（或接受同伴的意见和建议），与同伴有冲突时，能在他人提醒下和平解决	1. 选择多样的材料，组织不同的传统游戏，吸引幼儿参与的积极性 2. 游戏设计多样化，可结合语言（儿歌、故事）创设情境，组织游戏 3. 充分利用场地的条件和材料，设计相应的活动 4. 提供自由交往和游戏的机会，鼓励幼儿自由结伴游戏 5. 注意游戏中的安全指引，提醒孩子主动避开危险	选择较完整、平坦并较为开阔的场地	各类简易、轻便或自制的传统体育游戏材料

4. 跳跃游戏区

跳跃游戏区的户外混龄活动目标及其内容设置如表3-5所示。

表3-5 跳跃游戏区的户外混龄活动目标及其内容设置

目　标	活动建议	活动场地	材料投放
1. 练习各种跳跃动作（单/双脚连续向前跳、跨跳、蛙跳、连续单脚跳、立定跳远、高处向下跳、纵跳等），锻炼腿部肌肉、下肢爆发力和腰腹力量 2. 起跳时，手臂协调摆动配合、蹬腿有力，落地要轻、屈膝、前脚掌先落地，提高动作协调性、灵敏性 3. 体验和发现不同类型跳的相通之处，提高运动兴趣，不怕困难、不怕累，勇于接受挑战	1. 注意提示幼儿跳跃落地时要前脚掌着地、屈膝，注意保护膝、踝关节 2. 跳跃活动对体力消耗较大，须注意控制运动强度与密度，分组、分散活动，动静交替，调整好幼儿身体状态 3. 活动时提醒幼儿遵守秩序，留足活动空间，避免相互碰撞	选择较完整、平坦的场地（最好是软胶地面），场地适宜选择有可悬挂物体的纵跳触物架或有树木的地方，便于拉绳或拉网	各类简易、轻便或自制的小玩具，根据游戏需要提供器械材料，绳或线等

5. 平衡游戏Ⅰ区

平衡游戏Ⅰ区的户外混龄活动目标及其内容设置如表3-6所示。

表3-6 平衡游戏Ⅰ区的户外混龄活动目标及其内容设置

目　标	活动建议	活动场地	材料投放
1. 动作协调地在平行线、平衡木、圆柱平衡木、小木桩上行走，身体不左右摇晃，提高上下肢的协调和动态平衡能力 2. 进行平衡游戏时手脚协调、身体自然放松，身体随重心移动 3. 体验各类平衡游戏中有一定难度的挑战乐趣，提高接受挑战的胆识和活动安全意识	1. 提醒幼儿动作要领，鼓励幼儿勇敢前进 2. 对胆子较小、能力较弱的幼儿，要注意保护与鼓励 3. 结合活动对幼儿进行安全教育，培养幼儿的自我保护意识和能力	选择平坦的场地	根据游戏需要投放各类体育器材，如积木块、绳、木桩、平衡木、圆柱平衡木、斜坡木桥等

6. 手推车游戏区

手推车游戏区的户外混龄活动目标及其内容设置如表3-7所示。

表3-7 手推车游戏区的户外混龄活动目标及其内容设置

目 标	活 动 建 议	活动场地	材料投放
1. 锻炼手臂肌肉和肩部肌肉的力量 2. 在推车、推大球的游戏中，逐步体验保持独轮车平衡和控制大球滚动方向的方法，提高肢体的协调性与灵活性 3. 积极参与游戏，体验运动、游戏和合作互助的乐趣	1. 提醒幼儿推车时注意保持身体的平稳性，注意推车的速度，不要用力过猛导致失去平衡；感受手把对控制平衡和方向的作用 2. 以游戏的形式激发、调动幼儿参与的积极性 3. 分组循环游戏，注意活动强度与密度的调控，避免等待过久的现象	选择平坦的场地或有一定起伏变化的草坡均可	手推车、独轮车、直径约50厘米的大球，辅助材料包括积木、纸盒、雪糕筒、斜坡器材等

7. 走跑游戏区

走跑游戏区的户外混龄活动目标及其内容设置如表3-8所示。

表3-8 走跑游戏区的户外混龄活动目标及其内容设置

目 标	活 动 建 议	活动场地	材料投放
1. 学习各种走的动作：前脚掌走、后跟走、高抬腿走、蹲着走、后退走、协同走、障碍走等，增强小腿及脚掌的力量，提高肢体的平衡能力 2. 学习各种跑的动作：直线快跑、侧身跑、绕障碍跑、折返跑、变向跑、后退跑、交叉跑、跨步跑、高抬腿跑等，增强下肢力量，提高肢体协调性和快速反应的能力 3. 体验走跑类运动的相通之处，提高运动的兴趣，增强不怕困难、勇于创新的意识	1. 以游戏的形式组织活动，避免单一化的训练 2. 注意跑道的安全性，可进行隔道安排，避免相互碰撞 3. 练习时要做好充分的示范，终点设置缓冲区，做好安全保护 4. 关注个别能力较弱的幼儿，适当调整运动密度与强度	软地跑道	雪糕筒、大体操圈、小体操圈、跨栏、轮胎、接力棒、跳袋、拱门、小旗、浮板木质斜坡等 自制材料如把控滚筒、木制脚板条、纸巾盒制作的"大鞋"、动物触板、荷叶板等

8. 攀爬游戏区

攀爬游戏区的户外混龄活动目标及其内容设置如表3-9所示。

表3-9 攀爬游戏区的户外混龄活动目标及其内容设置

目标	活动建议	活动场地	材料投放
1. 学习各种爬的动作：手膝着地爬、手脚爬、匍匐爬、横爬；锻炼上下肢与背部、腰腹肌肉的力量 2. 手脚协调、身体自然放松，身体随重心移动，攀上攀登墙，加强手臂力量，增强手脚协调配合 3. 体验攀爬运动的乐趣，提高接受更高挑战的胆量和自信 4. 培养和提高客观评价自己能力与预测活动安全的意识	1. 攀爬墙下放体操垫作为保护，幼儿攀爬时给予保护，可通过儿歌增加兴趣，多鼓励和表扬幼儿 2. 提醒幼儿控制速度，避免失去平衡 3. 提示幼儿攀爬时手要抓紧，提高孩子的安全意识	风雨操场	攀爬墙、攀登架、软垫、拱门、轮胎、竹梯

9. 平衡游戏Ⅱ区

平衡游戏Ⅱ区的户外混龄活动目标及其内容设置如表3-10所示。

表3-10 平衡游戏Ⅱ区的户外混龄活动目标及其内容设置

目标	活动建议	活动场地	材料投放
1. 练习在直线、斜坡、有间隔物走道上行走，不左右摇晃、不出界，提高上下肢的协调和动态平衡能力 2. 能踩10厘米高的高跷往前走，保持身体平衡，提高动作的协调性和灵活性 3. 大胆踩在高跷上做各种运动，提高对传统活动踩高跷的兴趣，增强创新意识	1. 根据场地设计活动，提高幼儿的参与性 2. 可结合民间儿歌进行游戏，增加幼儿活动的兴趣（语言领域） 3. 提醒幼儿注意活动速度，保持安全距离活动	风雨操场	四轮平衡车、高跷、羊角球、铁环、小斜坡、软垫、绳、拱门、自制山洞、眼罩、平衡触角板

10. 综合游戏区

综合游戏区的户外混龄活动目标及其内容设置如表3-11所示。

表3-11 综合游戏区的户外混龄活动目标及其内容设置

目 标	活 动 建 议	活动场地	材料投放
1. 能在斜坡上平稳地走、跑、爬 2. 能与同伴协商制定游戏规则，并能自觉遵守游戏规则 3. 遇到困难能够坚持，体验成功的喜悦	1. 上斜坡时，头正，眼往前上方看，两臂自然摆动或侧平举。两脚脚尖朝前，交替向前迈步，动作自然放松，跑时身体要稍前倾，步幅要比平时小些 2. 下斜坡时，头正，眼往前下方看，两臂自然摆动或侧平举。两脚脚尖朝前，交替向前迈步，动作自然放松，跑时身体要稍后倾，步幅要比平时小些，控制下坡跑的速度 3. 根据草地的地理位置及特点，开展丰富多样、适合幼儿年龄特点的各种身体活动，如走、跑、跳、爬等，鼓励幼儿坚持下来，不怕累	软地操场	滚筒、大塑料圆环、呼啦圈、小旗、羽毛球拍、网球拍、荷叶板、浮板、跳袋、触觉半球、太极平衡盘、保龄球、跨栏、链球、小飞鱼、大象套圈

11. 投掷游戏区

投掷游戏区的户外混龄活动目标及其内容设置如表3-12所示。

表3-12 投掷游戏区的户外混龄活动目标及其内容设置

目 标	活 动 建 议	活动场地	材料投放
1. 学习各种投掷的动作：滚接球、滚球击靶、拍球、双手胸前投篮、正面单手肩上投掷、侧身投远。增强手臂、手腕有关关节的力量，发展目测能力和动作的准确性 2. 在活动中能躲避他人滚过来的球或沙包，提高身体的灵活性和协调性 3. 当发生冲突时，尝试用协商、交换、轮流玩、合作等方式解决冲突	1. 肩上投掷沙包是投掷的重点，注重形成正确的动作姿势，不要因单纯追求投远而忽视动作的要求 2. 组织幼儿进行投掷动作游戏时，可多采用拍击吊球、投球过绳等条件练习法进行；教师要具体帮助幼儿学会正确的动作 3. 投掷练习前应注意做好充分的准备活动，特别要多活动肩、腰；投掷沙包时要注意安全，不要面对面进行	休闲区（硬地）	自制城堡（纸箱）、纸球、安全帽、沙包、手榴弹（报纸球）、网球

12. 探究游戏区

探究游戏区的户外混龄活动目标及其内容设置如表3-13所示。

表3-13 探究游戏区的户外混龄活动目标及其内容设置

目 标	活 动 建 议	活动场地	材料投放
1. 掌握各种活动器械的不同玩法，发展钻、爬、滚等动作技能 2. 能遵守游戏规则，根据示意图，有序地进行活动 3. 勇于接受挑战，能坚持完成自己的任务	1. 幼儿进行练习时，教师要多鼓励，注意安全，加强保护，适时予以必要的帮助，让幼儿体会动作要领 2. 合理利用好场地与材料，合理安排活动项目，加强幼儿的安全教育	鹅卵石戏水池	轮胎、垫子（长的、短的）、长梯、绳网、小型泡沫积木若干、雪花片、网兜

13. 玩沙游戏区

玩沙游戏区的户外混龄活动目标及其内容设置如表3-14所示。

表3-14 玩沙游戏区的户外混龄活动目标及其内容设置

目 标	活 动 建 议	活动场地	材料投放
1. 感知沙子的流动性和可塑性，学习深挖、堆、压、拍等技能 2. 能遵守玩沙规则，不扬沙、扔沙 3. 大胆动手创作，体会成功的喜悦	1. 活动前，教师要做好幼儿的安全教育。包括：①提醒幼儿在活动过程中要遵守玩沙规则，特别是不扬沙、扔沙。②教育幼儿当沙子不慎进入眼睛后，要立刻闭上眼睛，并马上告知老师；老师马上带孩子到医务室进行处理。③教育幼儿玩沙子时不要在沙坑里乱扔垃圾，弄脏沙坑；玩完后，别人的工具要送还，并说"谢谢"，自己的工具要记得清理收回 2. 提醒幼儿玩沙后要整理好自己的衣物、鞋子，并注意手脚的清洗 3. 利废利旧，为孩子提供不同质地的辅助材料，如牛奶杯、小木棍、小木板、树枝、胶花等。鼓励幼儿大胆想象，动手操作	沙坑	铲子、小桶、小推车等，辅助材料如小树枝、木板、塑料空瓶、小动物玩具、小汽车等

14. 大型器械游戏区Ⅰ（东区）

大型器械游戏区Ⅰ（东区）的户外混龄活动目标及其内容设置如表3-15所示。

表3-15 大型器械游戏区Ⅰ（东区）的户外混龄活动目标及其内容设置

目　标	活动建议	活动场地	材料投放
1. 掌握各种活动器械的不同玩法，学习钻、爬、攀登、悬吊等动作技能 2. 能遵守游戏规则，根据示意图，有序地进行游戏 3. 勇于接受挑战，能坚持完成任务	1. 在进行斜悬垂活动前，教师必须检查悬杠是否安全；活动中，一位教师必须在旁保护 2. 进行攀登练习时，事先做好相应的安全教育，禁止幼儿中途跳下而发生危险 3. 活动前，教师要检查器械下面的沙子是否已浇湿，避免活动中扬起尘埃 4. 玩滑梯时，脚朝下，上半身保持直立，禁止幼儿头朝下往下滑落	沙坑、大型玩具	铲子、城堡、沙具、垫子、指示牌

15. 大型器械游戏区Ⅱ（西区）

大型器械游戏区Ⅱ（西区）的户外混龄活动目标及其内容设置如表3-16所示。

表3-16 大型器械游戏区Ⅱ（西区）的户外混龄活动目标及其内容设置

目　标	活动建议	活动场地	材料投放
1. 掌握各种活动器械的不同玩法，学习钻、爬、攀登等动作技能 2. 能遵守游戏规则，根据示意图，有序地进行游戏 3. 勇于接受挑战，能坚持完成自己的任务	1. 进行攀登练习时，事先做好相应的安全教育，禁止幼儿中途跳下而发生危险 2. 活动前，教师要检查器械下面的沙子是否已浇湿，避免活动中扬起尘埃 3. 玩滑梯时脚朝下，禁止幼儿头朝下往下滑落	大型器械、冲洗池	小玩具、玩沙玩具、降落伞

16. 四轮车游戏

四轮车游戏的户外混龄活动目标及其内容设置如表 3-17 所示。

表 3-17　四轮车游戏的户外混龄活动目标及其内容设置

目　　标	活 动 建 议	活动场地	材料投放
1. 学习驾驶滑板车和四轮车的技巧，增强动作灵活性和协调性 2. 能自觉遵守交通规则，按照指示路线安全完成任务 3. 能与同伴友好交流、分工合作，体验互动游戏的快乐	1. 活动前，教师注意检查各类幼儿用车是否安全，有损坏的就要剔除并做好维修登记 2. 引导幼儿在指定的区域进行驾车练习 3. 教育幼儿自觉遵守交通规则，按照指示路线安全完成任务 4. 结合生活经验创设情境区域，丰富活动的形式，提升幼儿参与的兴趣	环形车道	胶圈、平衡木、棉垫、雪糕筒、终点标示图、轮胎

17. 篮球游戏区

篮球游戏区的户外混龄活动目标及其内容设置如表 3-18 所示。

表 3-18　篮球游戏区的户外混龄活动目标及其内容设置

目　　标	活 动 建 议	活动场地	材料投放
1. 学习拍球、滚接球、双手胸前投篮的动作，提高双手控制球的能力 2. 体会和判断球弹起的方向及高度，有连续拍球的意识	1. 练习前应注意做好充分的准备活动，特别要多活动手、肩、腰 2. 提醒幼儿在活动中学会躲避他人滚过来的球 3. 引导幼儿选择适合的地方进行练习，避免相互干扰、碰撞	篮球场	篮球架、雪糕筒、塑胶圈、篮球、棍棒、15~20厘米高的平衡木

18. 足球游戏区

足球游戏区的户外混龄活动目标及其内容设置如表3－19所示。

表3－19　足球游戏区的户外混龄活动目标及其内容设置

目　标	活　动　建　议	活动场地	材料投放
1. 学习原地踢球、移动踢球的动作要领，发展手眼协调的能力 2. 保持摆脚用力顺序，保持身体平衡 3. 能与同伴友好地合作，体验集体运动的乐趣及规则	1. 进行练习时，注意提醒幼儿不要拥挤，以免相互碰撞；指导幼儿向统一的方向踢，不要对着人踢，以免踢伤人 2. 要穿比较宽松的衣服和运动鞋，不能穿凉鞋或拖鞋等不利于踢球的鞋子，以免踢伤脚 3. 做好充分的热身运动，尤其是踝关节、膝关节、髋关节和腿部肌肉活动 4. 练习时场地内不能有人，提醒幼儿也要注意身边同伴的安全	足球场	球门、足球25个、定点标志、塑胶圈、雪糕筒、拱门、记录板

19. 植物迷宫游戏区

植物迷宫游戏区的户外混龄活动目标及其内容设置如表3－20所示。

表3－20　植物迷宫游戏区的户外混龄活动目标及其内容设置

目　标	活　动　建　议	活动场地	材料投放
1. 让孩子在区域里根据场地，初步学习走、跑和跨、钻等基本动作 2. 利用迷宫、大木房子等现有的户外环境进行一些综合性的动作练习，提高动作协调性、平衡性和自我保护意识 3. 在活动中体验运动与锻炼的乐趣	1. 活动时，注意提醒幼儿不要拥挤，以免相互碰撞 2. 要穿比较宽松的衣服和运动鞋，此区域不能进行赤足活动 3. 游戏过程中，教师要讲清楚规则 4. 游戏必须遵循循序渐进的原则	小木屋、小吊桥、迷宫	塑胶圈若干、迷宫、头饰、标识、胶圈

二、器械制作与投放

（一）中、小型器械的制作投放

在户外区域混龄活动实施过程中，符合幼儿年龄特点的材料的投放是基础。幼儿教师的手都很灵巧，也容易接受新生事物。但是，要怎样通过一种器械来发展幼儿的多种身体动作？简单地说，就是通过一物多玩发展幼儿不同的动作能力。不管是买来的器械还是自己设计的器械，怎么玩？例如，要发展幼儿跳的动作，那么必须借助小器械等材料设计一些游戏环节以促进幼儿"跳"动作的发展。而不同年龄段的幼儿，"跳"的动作发展水平也不同。理论知识的掌握，为教师的工作实践做支撑。在通过一系列的理论学习后，我们开始了理论与实践结合的一系列活动。

首先，进行适合各自年龄段幼儿的小器械的制作。在制作的同时，要求教师填写一张表格，如表3-21所示。

表3-21 自制教具说明

小器械名称		适合年龄段		制作者	
制作材料：					
主要发展幼儿哪种基本动作（请打勾）：走、跑、跳、钻、攀爬、投掷、其他					
玩法：（请写出动作具体要求）					

看似平常的一张表格，它让教师在设计小器械及其玩法时，有了很明确的目标：这个玩法是用来发展幼儿的什么动作，那个动作的具体要求是什么，它是否符合该年龄段幼儿的发展水平，等等，以帮助教师进一步梳理教育玩具的目标和功能。（图3-22至图3-23）

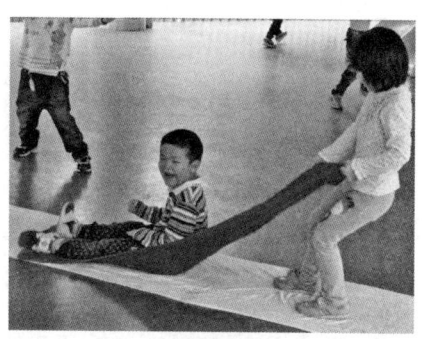
图3-22 发展手臂力量的合作游戏

图3-23 发展跳跃能力的跳袋

其次，进行小器械制作的评比。每位教师把自己的器械进行展示，让所有教师参与评比打分，目的是让教师们开阔眼界，以他人的设计亮点启发自己，使小器械更好地发挥一物多玩的作用。通过评比活动，很多教师得到了启发，并继续完善自己的设计方案，在给幼儿玩的过程中，增加了很多的玩法。

最后，针对小器械的制作进行集体研讨交流活动。我们把在评比活动中得分较高的小器械进行了展示，并请设计的教师把自己的设计思路与玩法进行了分享。有的教师把自己的小器械同民间的游戏结合起来并作了改进，例如，橡皮筋的合理利用，可以使一根根单独的棍子随意连接起来；彩色沐浴球与铃铛的结合让小器械在玩的过程中增加了趣味性，可以跳、钻、转，可以单人玩，也可以多人玩；有的教师还用铁丝焊接成一个个圈，并在圈中运用民间的彩带编织工艺进行装饰，使原本冰冷的铁圈变成一件艺术品，可以发展幼儿滚、钻、跳、跨、投掷等不同动作。简单的一件小器械，教师们现在能想出6～10种甚至更多的玩法，不同的玩法也促进了幼儿更多动作的发展。

（二）大型器械制作与投放

体育活动是幼儿生活和教育的重要组成部分，而器械是幼儿体育活动中必不可少的物质条件。体育活动的效果如何，与器械有着密切的联系。器械可以诱发幼儿进行体育活动的愿望和构想，并产生相应的行为和活动。器械不仅是体育活动的辅助材料，而且是体育活动中重要的操作材料。结合佛山市机关幼儿园的实际情况，我们把自制大型体育器械活动作为幼儿园开展课题研究的一项重要内容。

自制的大型体育器械不同于购买的各种体育器械，它是由教师、幼儿及其家长共同利用废旧材料制作的。在制作和设计的过程中，我们充分挖掘和利用了日常生活中的废旧物品，变废为宝。以保护我们身边的绿色环境为宗旨，根据幼儿的年龄特点和当地的条件、季节等自制的大型体育器械，具有色彩鲜艳、形式多样、玩法多样的特点，能够有效地配合开展各种游戏活动（图3-24）。从幼儿的兴趣入手，让幼儿在自由选择器械，探索玩法、尝试挑战的过程中，增强动作的灵活性和协调性，从而培养动手能力，以达到发展身体和基本动作的目的。

图3-24 自制具备九种攀爬功能的体育器械

《幼儿园工作规程（试行）》中明确指出"幼儿园应因地制宜，就地取材，自制教具、玩具"。的确，自制体育器械有节约、实用、有趣、灵活等多种优点。虽然佛山市机关幼儿园在自制体育器械方面还没有完全落到实处，下文就以往的经验，将幼儿园体育器械制作与运用的要求做一归纳。

（三）自制体育器械的要求

1. 制作的器械要安全、卫生、耐用

器械在活动过程中是与幼儿直接接触的，所以材料的选择一定要遵从安全和卫生原则。同时，更要牢固坚实，不能才使用了几次就破损了。

2. 从幼儿兴趣出发进行制作

教师要对幼儿平日的活动进行细心观察，善于发现幼儿喜欢些什么、需要些什么，从而有选择性地制作幼儿感兴趣的器械。还要善于在幼儿活动的过程中发现问题，不断地对器械进行改进，使其更为完善，更能符合幼儿的活动要求，更加具有锻炼的功效。

3. 有多样化的锻炼功能

在自制体育器械时要做到灵活，通过颜色、形态等不同方面使器械有尽可能多的变化，从而在体育活动中实现其多样的教育价值。器械作为幼儿体育活动中的操作材料，可引发幼儿进行体育活动的愿望与构想，并产生相应的行为和活动。其操作的形式越多，幼儿表现出来的主动性、积极性就会越高，得到相应的身体锻炼就越全面，让幼儿获得主动探索和成功的机会就越多，更能在探索活动过程中增强其自信心。所以同一种器械，它所实现的价值是多方面的，就看教师怎么去挖掘。

4. 家园共同参与

本着自制器械安全性、科学性、创造性、趣味性及简便实用的原则，我们可以充分利用家长资源。大家一起来动脑动手，还可让幼儿参与制作过程，这样不但可以集思广益，还能从制作过程中增进师幼、亲子间的感情，促进家园联系；更能锻炼幼儿的动手能力，使幼儿在以后的活动中兴趣更高，有参与活动的热情和积极性，更有利于培养幼儿爱护器械的良好品质。

总之，佛山市机关幼儿园在开展自制体育器械的活动中取得了一定的成果，将体育器械的内容、材料、方法等与幼儿的实际生活紧密结合起来，教师较为注重各类器械在活动中的作用，从而使幼儿在体育活动中得到相应的发展，有效促进了幼儿动手能力的发展。我们要将这种好的举措坚持下去。

三、活动组织与指导

长期以来，幼儿园的户外体育活动，都是以同年龄、同一班级开展锻炼的。活动中伙伴单一，形式呆板，活动范围狭小，这就造成师幼之间、幼儿之间大范围互动不够，幼儿对活动兴趣持续时间不长等现象，从而影响到锻炼的效果，达不到活动的目的。为此，佛山市机关幼儿园以混龄教育为理论支撑，尝试开展了混龄区域活动。

（一）户外混龄活动的形式

户外区域混龄体育活动是幼儿园体育活动的一种特殊的组织形式，是对幼儿园基本的体育活动形式的一种补充。它强调将单纯、机械的训练幼儿的基本动作转向使幼儿喜欢并积极参加的体育活动。

1. 开发活动场地，科学创设区域

佛山市机关幼儿园首先为幼儿创设了不同质地的户外活动场地：塑胶软化地面、人工草坪、砖地、风雨天户外活动场地等，对幼儿园的活动场地进行了全面的规划。其次，充分挖掘各种场地的优势，最大限度地发挥活动器械的功效：以基本动作作为划分区域的标准，分别创设了钻爬区、跑区、跳区、平衡区、投掷区等；根据幼儿使用运动器械的特点，创设了车类区和球类区。在设置区域时，考虑到活动性质的合理搭配，既有活动量大的也有活动量小的，既有发展幼儿基本动作的又有锻炼幼儿综合身体素质的。（图3-25）

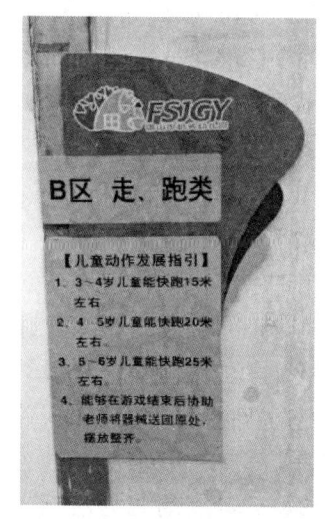

图3-25 各区域的活动指引牌

2. 具体化活动目标，合理投放材料

在活动区内投放数量充足、种类多样的活动材料。例如，在跳区投放了羊角球、跳跳球、跳绳、悬吊的棉质玩具（纵跳触物），在车类区投放了扭扭车、高矮不同的小四轮车，等等，以保证每个幼儿都有材料进行活动。由于是混龄活动，幼儿的年龄差异、个体差异明显，为此，我们在各个活动区创设了适合不同水平幼儿的游戏情境和活动材料。例如，在平衡区的入口处有三条小路可以通向前方，即高矮、宽窄各不相同的平衡木，通往下一个目标的道路则是由高矮不同的梅花桩和轮胎铺就。幼儿可根据自己的兴趣和实际能力选择不同的材料，从而满足不同幼儿的需求，有助于幼儿在不同水平上均得到发展。

混龄体育活动不同于日常的集体游戏，只有最大限度地将活动的规则和目标物化在材料中，才能保证活动的顺利进行。我们在区域的创设中设置不同的标记、符号，给幼儿以引领与提示。例如，在车类区画上"车道""人行横道线""停车场"等，幼儿便可在游戏中"各行其道"地按规则游戏，无须教师过多的语言提示。（图3-26）

图3-26 自主游戏，学习规则

3. 建立常态机制，定期开展活动

每周定时开放两次活动区，用不同颜色的丝带作为区域标志，以控制各区域的活动人数，从而保证幼儿活动的空间与密度。不同年龄、班级的幼儿佩戴不同颜色的丝带参加混龄活动。教师在固定区域进行指导，通过不同颜色的丝带分辨幼儿的年龄段，以便有针对性地进行指导，并定期进行区域轮换。全园幼儿听音乐统一进入活动区，活动中有一次听音乐统一换区的机会，以保证幼儿活动内容的相对稳定和及时调整。

（1）自由选择与轮换，激发幼儿的兴趣。根据4～6岁幼儿各种动作发展的水平，让他们自由选择，彼此联系，产生交互作用。教师担任某一区域活动的指导者，混龄幼儿则依据自己的意愿、兴趣选择伙伴、选择区域参加锻炼。力求活动内容丰富、形式多样，激发幼儿的活动兴趣，我们还采取轮换的方式，保证幼儿有更多

图3-27 通过合作游戏使幼儿的基本动作得到全面发展

的机会参与其他区域的活动,以促使幼儿的基本动作获得全面发展。(图 3-27)

（2）以大带小,培养幼儿的责任心与爱心。户外区域混龄活动中,低龄幼儿往往持续性差,目的性不强,操作水平低。而佛山市机关幼儿园采用以大带小、借助音乐手段等多种手法组织的区域活动,就能很好地调动和激发他们与大龄伙伴共同参与活动的兴趣,满足了幼儿与不同年龄的同伴交往的需要,有利于培养低龄幼儿的运动能力,更养成了幼儿的责任心与爱心。

（3）以强带弱,培养幼儿合作与挑战意识。我们给幼儿提供不同形状、重量、大小、不同玩法的材料,鼓励幼儿间的协作与沟通,让他们一起探索器具的玩法,共同协商游戏的情节、角色与规则,并在协商的过程中提醒和引导幼儿采用"以强带弱"的方法,即让低龄幼儿观看大龄幼儿玩游戏,激发他们与同伴共同玩游戏的兴趣。

(二) 户外区域混龄活动中的教师指导原则与策略

需要明确的是,户外区域混龄活动是放开幼儿的手脚,而不是放弃教师的指导。活动计划的制定是实现科学指导的切入点,它能增强教师指导的目的意识,规范教师的教育行为。教师依据各活动区的教育功能以及各年龄段幼儿的特点,制定相应的指导重点与策略。

1. 指导的原则

《幼儿园教育指导纲要（试行）》指出:"教师应成为幼儿学习活动的支持者、合作者和引导者。"在户外活动中,良好的师幼互动是非常重要的,教师作用的积极发挥也是举足轻重的。教师指导是教师有意识、有目的地对教育对象产生指导意义的言行举止。幼儿户外活动的指导策略可以分为三个层次:语言层次、物化层次和互动层次。在实际作用中,三者是紧密联系的,即教师对幼儿户外活动进行口头语言的讲解、具体动作的示范、言语体态的提示等指导和帮助,让幼儿的户外活动水平不断提升,活动内容也更加丰富,并收到更大的教育效果。

活动前,教师应对幼儿想做什么、有可能怎样做有心理准备,活动中,以观察为前提,采用有效的指导策略,给予幼儿适时的引导与帮助。幼儿活动前,教师应组织幼儿做好身体各关节的活动,活动后应有放松环节,以保护他们的身体健康。

（1）指导要适时。在幼儿进行户外活动的过程中,教师在恰当时间对幼儿进行及时的指导,也就是在户外活动中,教师要掌握好合适的指导时机,对幼儿的活动经验以及活动兴趣都有一定的帮助。教师作为幼儿的支持者,在他们需要时提供帮助；教师在指导幼儿户外活动时,通过细致观察幼儿，倾听他们的对话，把握好指导的时机，才能使师幼互动行为发挥出真正的效果。

（2）指导要适当。幼儿的探索学习需要得到教师的支持、帮助，但并不意味着教师可以不分情况地随意提供帮助，而要依据具体的情境来采取相应的指导策略。在户外活动中，教师不能硬性地要求幼儿按照自己预设的思路去活动，让幼儿被动地接受，从而失去自主性。教师在平时的观察中要多了解幼儿的兴趣，作出恰当的反应和适当的帮助。因此，教师要根据活动的需要及时做好各种角色的转换。

作为户外活动的参与者：要想让户外活动真正有效，教师并不只是活动的创设者和纪律的维护者，还必须及时地参与其中，与幼儿进行互动。

作为户外活动的观察者与记录者：在户外活动中，教师应处于观察者和记录者的角色，关注幼儿的情绪、行为，幼儿间的互动，幼儿遇到了什么问题，等等，并对幼儿出现的问题进行适时的指导。

作为户外活动的评价者和反思者：户外活动开展是否有效，还存在什么问题，以及今后如何改进，这些问题都要通过教师的评价和反思来解决。

2. 指导策略

（1）创设游戏情境，激发幼儿兴趣。例如，钻爬区的"打猎""炸敌堡""小刺猬运果子"，跳区的"青蛙跳"，平衡区的"小扁担"，投掷区的"小小投球手"，等等，这一系列游戏情境，大大激发了幼儿参与活动的积极性。

（2）提供支持性的材料。例如，有的幼儿平衡能力较强，单独走过"高桩"对他来讲难度相对较小，于是"双人小汽车""小扁担""小油桶"等材料的加入为他的活动增加了难度与挑战性。

（3）教师、同伴的示范。幼儿园体育活动的任务是发展幼儿的走跑跳爬蹲钻等技能，而幼儿这些技能的习得方法之一是通过观察他人的讲解示范并且逐步内化为自己的能力，动作示范直接易懂，才能够引起幼儿积极参与的兴趣。

（4）教师的语言指导。在幼儿尝试的过程中，肯定会碰到这样那样的问题，并将在一定程度上影响他们的积极性，降低其自信心。教师实施的指导和帮助对幼儿来说是相当必要的。

（5）教师肢体语言的支持。例如，有的幼儿想跳高箱，但又缺乏勇气，站在上面迟迟不敢向下跳。这时，教师伸出一只手，给幼儿一个鼓励的眼神，便能大大增加他的信心。

第三节 户外区域混龄活动的价值及实施效果

一、户外区域混龄活动的价值

(一) 对幼儿发展的作用

1. 为幼儿搭建异龄同伴互动交往的桥梁

混龄教育源于意大利教育家蒙台梭利的教育理论和实践。她认为不同年龄的幼儿之间的交往可以扩大彼此的交往空间,掌握交往的技能,正确把握交往态度,形成良好的亲社会性行为,有助于幼儿健康个性的形成。"完善的个体发展离不开同龄伙伴和异龄伙伴的交往,他们各自获得的益处是不同的。没有与年长者的交往,将减少知识经验和技能的学习机会;没有与年幼者的交往,使社会责任心、自主感和组织能力等方面的提升难以实现;没有与同龄者的交往,对事物共同的体验就失去了比较的机会和协商合作的可能。"[①] 在现实生活中,同龄交往和异龄交往对儿童的成长都是缺一不可的。著名教育家马卡连柯曾说:"独生子女没有兄弟姐妹,因而没有相互体贴、照顾的经历,没有互爱互助,相互模仿,共同努力的经历,这不利于发展儿童的集体意识,而会导致儿童个人主义的蔓延。"[②] 而户外混龄区域活动恰恰为孩子提供了一个社会交往的大舞台,为幼儿提供与异龄伙伴交往的机会。在混龄群体交往中,幼儿的年龄参差不齐,彼此间如兄弟姐妹一般。这种家庭式的组织方式可以弥补独生子女的不足之处,使他们能更好地适应社会。通过不同年龄同伴的相互交往与接触、共同活动与生活,学习与他人交往的正确态度和技能,克服"以自我为中心",培养良好的社会行为方式,既让幼儿在互爱互助中受益,又能提高孩子的社会交往能力。

2. 有利于培养幼儿的责任感

在未来的社会中,只有能与人合作的人才能获得生存的空间,只有善于合作的人才能赢得发展,合作是幼儿健康心理的一种表现。(图3-28)在混龄游戏中,同伴之间的差异成为他们合作与学习的前提条件,这种差异有利于培养儿童在责任、分享、帮助等方面的亲社会行为,增强了大龄

[①] 华爱华:《幼儿游戏理论》,上海教育出版社2000年版,第203页。
[②] 吴式颖:《马卡连柯教育文集》,人民教育出版社1985年版。

幼儿的社会责任感和自制力，提高了低龄幼儿的活动参与度与社会适应性。给幼儿必要的机会与鼓励，让幼儿跨越年龄的界限结交朋友，不但可以扩展他们的社会生活世界，而且可以提高他们的责任感。在活动过程中，让幼儿在交往中学会合作，并让他们之间的交往合作成为一种很好的教育资源。

图3-28　用纸团和纸箱组织的投掷对抗游戏

3. 有利于培养幼儿的社会能力

户外区域混龄活动有利于幼儿的责任心、爱心和交往能力的培养。例如，为了锻炼幼儿的胆量，同时也为了练习走"平衡桥"及从高处往下跳的技能，让幼儿从"平衡桥"上走过，并轻轻地跳下。但总是有少数低龄幼儿，无论教师怎样鼓励，依然战战兢兢。望着大龄幼儿矫健的身影，教师灵机一动，为何不请大龄幼儿一对一地带领低龄幼儿走"平衡桥"呢？结果大龄幼儿欣然应允，"小老师"做得比教师还要像模像样；再看低龄幼儿，在哥哥姐姐的榜样示范指导下，一场早锻炼下来，走得像样多了。在以后的混龄体育活动中，大龄幼儿会主动来找弟弟妹妹，培养了其责任心与爱心；低龄幼儿的活动兴趣与技能，也在哥哥姐姐的带领下得到了发展。由此，在户外混龄区域运动中幼儿自由结伴，孩子教孩子的方式，让幼儿充分体验了运动的乐趣，有效地促进了幼儿身心的和谐发展。

4. 有利于幼儿规则意识的培养

为了让幼儿自觉遵守规则，养成良好的活动习惯，教师和幼儿一起商量、共同制作富有儿童情趣、幼儿一看能懂的"图夹文"标识。明显的活动提示牌，让幼儿明白本区域的游戏有些什么内容，该怎么玩。教师在活动前也非常清楚地交代了本次活动的任务和注意的事项，加上各种辅助材料以及丰富的场景，使幼儿都能以积极的状态加入每一个游戏活动中。幼儿任务意识明确，自主性得以充分体现和展示。中班用橡皮筋的数量来检验孩子的活动情况，大班则用"脸上涂油彩"等方式进行检验，既增加了幼儿野战军训练成功的渲染，也激发了幼儿游戏活动的兴趣。

（二）对教师发展的意义

1. 有利于提高教师的理论水平和研讨交流能力

通过不同途径的资料收集、不同形式的理论学习，教师们对各年龄阶段幼儿的动作发展特点、内容有了进一步的了解与掌握，并且能把掌握的理论知识与实践相结合,真正为幼儿运动能力的发展起到重要的作用,对教师们的业务水平也是一个很大的提高。教师通过刻苦钻研,集思广益,共同切磋,反复探讨,不断学习、思考、实践,把体育理论运用于体育实践之中,锤炼科研技能,为体育教学改革,以及教学技能的提高起到了积极的推动作用。

2. 提高教师创新、设计、制作能力

在区域活动中,教师结合本班幼儿的年龄特点来设计游戏,选择利用废弃、环保的物品为制作材料,最大限度地发挥与利用器械的功能,一物多玩。教师的创新能力与动手能力将得到很好的锻炼和提高,并能以体育小器械的安全性、层次性、创造性、实用性为基础进行创新与制作,一切都从幼儿出发,以幼儿为主体。

3. 提高教师对户外区域运动环境的创设能力

教师们从一开始简单地运用小器械进行一物多玩,到创设简单的适合自己班级幼儿运动的游戏场景,到能够注重材料投放的层次变化,再到能够创设符合不同年龄段幼儿运动的富有一定挑战性的场景。

(1) 科学合理地设置区域,充分利用现有资源,注重动作发展的均衡。各年级组充分利用了幼儿园现有的运动器械与设施,如小车、圈、轮胎、竹梯、平衡桥、大型玩具、攀爬架等,巧妙地结合运动游戏内容,发展幼儿的各种基本动作,对活动的场地进行了合理的划分,使有限的场地得到了较为充分的利用。本着发展幼儿走、跑、跳、爬、投掷、钻等各种基本动作为目标,设置了钻爬区、跳跃区、平衡区、攀爬区、走跑区、投掷区等,充分利用现有场地资源,积极开发各类运动项目。(图3-29)

图3-29 利用园内体育器材设计的钻爬活动

(2) 区域创设情境性体现幼儿年龄特点,充分调动其参与的积极性。投掷区利用动画人物灰太狼、红太狼等吸引幼儿兴趣,有的还利用动物不倒翁进行情景的创设,让幼儿练习投掷,极大地吸引了幼儿的关注;很多网绳、太阳伞等材料上还进行了铃铛装饰,在美观的基础上,起到了提醒幼儿是否犯规的作用。大班则创设了"野战军训练营"主题,通过红旗、五角星、军帽等烘托出浓浓的"军营"气息,幼儿在"铁丝网"下匍匐前进、在易拉罐和奶粉罐做的"梅花桩"上行走、在"战壕"里与坦克进行对垒，玩得不亦乐乎。

4. 教师观察、分析、解决问题的能力得到提高

在此之前，教师们一直很困惑，不知道要观察些什么、怎么观察。教师们通过课题研究学会观察，学着解读幼儿行为，剖析原因。例如，小部分幼儿的乱跑乱窜现象，为什么会有幼儿游离在运动活动之外？怎样才能让每个幼儿都能积极主动地到区域中游戏？是游戏缺乏吸引力，还是幼儿不知道怎么玩？教师们学会了自问，从而找到了户外区域混龄运动中出现的问题，继而有了思维的碰撞，从不同角度出发考虑解决的办法。教师们的思维产生了微妙的变化，开始站在幼儿的角度想问题，找到适合幼儿的方法，既简单又可行。

二、户外区域混龄活动的实施效果

（一）促进了幼儿成长

1. 幼儿性格更加活泼开朗

在游戏的过程中，一方面，随着自由活动空间逐渐扩大和体育活动组织形式多样化，幼儿活动项目的选择多了，玩伴多了，参与体育活动的积极性随之得到了较大提升，并养成他们自觉进行户外身体锻炼的习惯；另一方面，教师通过深入学习、转变观念、不断强化自身的专业修养，与幼儿进行平等、亲近的交往并努力为其营造舒适、健康、安全的心理环境，幼儿在轻松、自由、愉快的活动氛围中，学会了与同伴、家人分享，性格也变得更加开朗活泼，逐渐形成良好的个性品质。

2. 幼儿意志品质得到锻炼

在户外混龄活动中培养幼儿坚强、勇敢、不怕困难的意志品质和主动乐观合作的态度，就是强调在体育活动中注重培养幼儿积极性情感。通过愉快体育的实验研究可知，运动和游戏为幼儿的情感发展创造了条件。注重情感教育的体育教育才是完整的教育，才能真正促进幼儿身心健康发展。

3. 培养了幼儿的创造能力，促进幼儿智力发展

在户外区域混龄活动中，很多活动都需要幼儿脑、体运动有机结合，不仅要身体运动，更要动脑，不少活动还需要幼儿通过观察、判断、思考，不断调整自己的手脚和体位，通过手、眼、脑的协调来完成运动。这种脑体运动的结合，对保持神经系统的功能有重要作用，必然可以促进幼儿的思维能力和智力的发展。在愉快体育活动中，充分赋予幼儿自主权，他们时常创造出一些新奇的玩法，使其创造力得到了前所未有的开发。

（二）推动了教师专业发展

在开展户外混龄活动的过程中，我们将教、培、研相结合，提高了教师的研究意识和实践能力，促进了教师专业化能力的提高。

1. 教师的教育教学观念得到了更新

通过开展户外区域混龄活动，使教师知道了开展幼儿活动要注意体现促进幼儿情感、态度、认知、技能等各方面发展的目标取向，提高了教师对"体育与全面发展的关系"的认识；通过聆听幼教专家的报告以及幼儿园内的学习，认识到了在体育运动中渗透全面教育的必要性；在活动中，除了注重体育技能技巧培养，更注重培养幼儿活泼、大胆、合作、勇于尝试的体育精神。

2. 教师的教育教学能力得到了提高

佛山市机关幼儿园是一所以体育为特色的幼儿园。在办园过程中，我们始终坚持在体育运动中渗透全面素质教育的理念；在师资队伍建设中，将体育特色教育与教师的培训及教研相结合；在确保幼儿园基本课程的同时，又开发了各类体育游戏课程培训。户外区域混龄活动的开放，不仅调动了教师和幼儿对体育活动的积极性，更重要的是，通过培训，使教师在愉快体育教育实践中有了更多的思路与创新。

通过三年多的研究与实践，佛山市机关幼儿园教师的自我学习能力、创编活动的能力、指导活动的能力和总结提高的能力等都有了长足的进步。佛山市机关幼儿园涌现出一批体育教学中有经验、有特色、敢创新的优秀教师，在省、市、区的活动中深受好评，公开的课例、活动展示获得省级较高奖项。教师不断用自己的智慧与经验设计了各式各样好玩、符合幼儿年龄特点的体育游戏，通过长期有效的园本培训、相互观摩、相互评价、分享交流、教研沙龙等教研学习与探讨，提高教师的体育教学业务素质，促进其专业成长。

教师们还撰写了关于愉快体育教学的论文和经验总结，参与各级论文评选并获奖。每学期国民体育测查中心的专业人员来幼儿园为教师讲课、指导实操，让教师在理解测查意义的基础上，进一步明确各项目的具体动作要领，促进指导的规范性。除了对全园幼儿进行一场大规模的幼儿体质测查，为幼儿园提供准确的项目达标数据和分析，更重要的是为教师提供学习科学测查与分析的机会，推动教师的专业化发展。

第四章 非物质文化遗产传承视角下的创意课程建设

儿童有着成人无法预想的思维和行为方式,这正是成人无法企及的。虽然儿童的想象力和创造力无法通过某种特定的流程进行培养或训练,但从儿童发展心理学原理可知,幼儿的这些能力是可能通过刺激和保护得到发展的。而发展这种能力的载体即是动作操作活动。

第一节 非物质文化遗产传承与创意课程的提出

一、幼儿园创意课程开发的现状

近年来,在众多民间文化与幼儿园教育相结合的研究中,关于民间艺术方面的研究占主要部分。研究得比较系统和全面的是南京市梅花山庄幼儿园所承担的教育部重点课题"幼儿素质教育中民间艺术教育体系的研究",历经数年的研究,系统建构了幼儿民间艺术教育的目标、内容、教育活动设计、指导策略以及基本评价的完整体系。特别值得一提的是,他们将民间艺术分类为民间文学、民间音乐、民间美术三个维度,为后来的研究提供了详细的参考。由幼儿园一线教师所撰写的具体某一种民间工艺的教育学活动介绍,如《让传统穿编艺术在幼儿园教学中绽放异彩》(林燕芬,载《教育导刊·幼儿教育》2004年第11期)、《我会演影子戏》(龚凌竹,载《幼儿教育》2002年第12期)、《幼儿美术教育内容拓展——扎染的教育学尝试》(赵玉兰,载《中国美术》2000年第6期)、《徐州民间面灯》(胡敏,载《早期教育·美术版》2007年第3期)等,这些研究具有很强的情境性和可操作性,为后来的幼儿园民间艺术活动开展提供了参考。

但综观幼儿园创意课程开发,仍有不少亟待解决的问题。首先,民间工艺与儿童教育的内在联系有待确立。在民间艺术研究领域,注重一般性描述及艺术化的审美研究，缺乏教育价值方面的探讨，人们只有谈到民间工艺的传承与保护时才会提到教育，更缺乏民间手工艺与教育尤其是与儿童教育内在联系的研究。其次，幼儿园民间工艺的课程内涵有待拓展。学前教育领域主要从课程资源开发的角度将民间艺术纳入幼儿园艺术教育领域，民间手工艺只是作为民间艺术的一部分有所涉及，并主要集中于实践层面的探讨，缺乏对民间工艺自身文化特性及教育价值理论层面的认识。对其所包含的技术、文化等方面的因素缺乏挖掘与利用。从文化学、人类学和教育学的多学科角度深入分析民间工艺的文化特性及其对文化传承、对儿童发展的影响，是值得思考的方向。民间工艺的教育不能仅仅关注学习的艺术要求，更不能仅仅关注简单的技能积累，而是应该综合考虑民间手工艺对幼儿发展的价值，从知识、技能、态度、情感等多方面进行综合考察，使民间工艺的教育真正达到促进幼儿全面和谐发展的目的。

佛山市机关幼儿园的创意课程来源于"自然·爱·悦·梦想"的办园理念和"培养健康、快乐、创新的孩子"的教育目标，将"幼儿创意活动课程"作为特色，从幼儿自身的兴趣出发，将民间手工游戏中幼儿喜欢的编织、剪纸、陶艺、手影、折纸、翻绳作为活动实施的基础，根据活动的实践编写了《创意小宝典》等幼儿用书。我们主张从儿童的经验世界出发，鼓励儿童在创意活动中宣泄自己的个性情感，最大限度地满足不同性别、不同兴趣特点的幼儿的需要，达成幼儿获取知识和能力的主动性和积极性。

二、非物质文化遗产传承视角下的创意课程开发

联合国教科文组织的《保护非物质文化遗产公约》对非物质文化遗产的定义为：非物质文化遗产（intangible cultural heritage），是指被各群体、团体、有时为个人所视为其文化遗产的各种实践、表演、表现形式、知识体系和技能及其有关的工具、实物、工艺品和文化场所。《中华人民共和国非物质文化遗产法》对非物质文化遗产的定义为：非物质文化遗产，是指各族人民世代相传并视为其文化遗产组成部分的各种传统文化表现形式，以及与传统文化表现形式相关的实物和场所。非物质文化遗产（以下简称"非遗"）最大的特点是不脱离民族特殊的生活生产方式，是民族个性、民族审美习惯的"活"的显现。它依托于人本身而存在，以声音、形象和技艺为表现手段，并以身口相传作为文化链而得以延续，是"活"的文化及其传统中最脆弱的部分。因此，对于"非遗"传承的过程来说，传承人的培养就显得尤为重要。

为了加强对"非遗"的保护，2011年7月29日，广东省第十一届人民代表大会常务委员会第二十七次会议通过了《广东省非物质文化遗产条例》。其中，为了加强非遗的传承与传播，第39条规定：学校应当按照教育主管部门的规定，因地制宜地开展"非遗"教育活动，并将"非遗"代表性项目教育列为素质教育的内容。

作为千年古城、岭南文化的发源地，有着丰富历史文化资源的佛山现拥有国家级、省级非物质文化遗产38项，其中国家级14项。佛山"非遗"项目类别涉及民间文学、传统音乐、传统体育及杂技等十大类别，细致划分，有粤剧、剪纸、佛山木版年画、石湾陶塑技艺、佛山狮头、佛山祖庙庙会、佛山彩灯、佛山秋色、狮舞、佛山十番、龙舟说唱、香云纱染整技艺、人龙舞等。

优秀的"非遗"文化植根于我们的生活，让儿童了解家乡的文化，不但有利于弘扬中华民族传统文化，也有助于培养儿童对家乡的热爱，同时还有助于提升教师的专业素质和教研能力。学校教育以传承"非遗"，弘扬中国传统文化为方向；反过来说，"非遗"进校园也有利于提高学生素养，促进学生的全面发展。学校可以以"非遗"为载体开发课程资源，使"非遗"资源在教学实践中得以落实，并接受实践的检验。

民间艺术作为幼儿园课程资源，不论是从传统文化的角度还是从幼儿素质能力发展的角度，都逐渐成为热点并受到关注。自国务院印发了《基础教育课程改革纲要（试行）》后，明确提出实行国家、地方和学校三级课程管理。教育部2001年颁发的《幼儿园教育指导纲要（试行）》指出，充分利用社会资源，引导幼儿实际感受祖国文化的丰富与优秀，感受家乡的变化和发展，激发幼儿爱家乡、爱祖国的情感。《幼儿园教育指导纲要（试行）》颁布以来，许多幼儿园借助园本课程建设，获得许多民间文化艺术资源利用方面的课题。例如，2002年，南京市梅花山庄幼儿园获得了教育部重点课题"幼儿素质教育中民间艺术教育体系的研究"，广西师范大学侯莉敏教授的"多元文化背景下广西幼儿艺术教育课程的构建与适宜性研究"在2006年获得中国学前教育研究会"十一五"课题研究的立项，西南大学李姗泽教授"民间文化融入幼儿园教育体系的整体构建研究"在2008年获得教育部人文社科研究立项，这些研究均取得了一定的成果。

幼儿园在园本课程开发的研究中不约而同地呈现地域性特点。当前，人们的课程观发生了很大的变化，不再单纯地认为课程就是知识或儿童的经验，而是儿童的个体经验与人类文化的同构。① "创"有"突破"的意思，而"意"指意识、观念、思维、智慧等。这与学校教育中的"想象力和创造力"是相同的词汇。处于幼儿期的儿童，有着成人无法预想的思维和行为方式，这反而会给成人带来许多创新的想法。创意作为现代产业化思维的一个热门词语，带有更具个性内涵表达方式，20世纪末风靡一时的日本电视综艺节目《超级变！变！变！》就是创意活动的展示。学校开展创意教育，正是适应了这个时代发展的要求。在人最有想象力的幼儿阶段开展创意教育，极有可能取得意想不到的效果。这是幼儿园选择创意教育的初衷，也可以说是课程的来源。佛山市机关幼儿园将适宜于幼儿阶段开展的手工艺活动进行了梳理，融入园本课程构建的实践中。

三、现代儿童观视角下的创意教育

在学前教育改革中，如何充分发挥教师和幼儿的创造性，是学前教育需要讨论和解决的重要问题之一。民间艺术有丰富的历史文化价值，其群众性、生活化、可操作的特点，对教育、课程和儿童发展的资源价值是非常显著的。首先，它符合杜威的进步主义教育理论所倡导的"教育即生活，教育即生长"和"做中学"的观点。我们知道，教育的真正目的不是增加儿童的知识，而是设置充满智慧和刺激的环境，让儿童自主探索、主动学习。其次，维果斯基的最近发展区理论也为幼儿民间手工艺活动的开展提供了强有力的理论支持。在幼儿园开展民间手工艺活动，符合幼儿生来就有创造性潜能的天性。幼儿天生就是好奇、好问、好动的，对周围的客观世界充满了强烈的好奇心和求知欲，对于新鲜事物比较敏感并能保持较久的注意力。民间手工艺蕴含着人类社会生活的丰富内涵，它所反映的正是从生活走向艺术的过程，与儿童发展的历程（自然—社会）不谋而合。幼儿对探寻和操作物体有一种不可遏止的倾向，他们对周围的各种物品不断探究，甚至产生"破坏性行为"以发现事物的特点、变化过程、结构功能及使用方法等。民间手工艺活动中的动手操作也正使幼儿好动的天性得以满足。

在推进素质教育的大背景下，幼儿园教师和家长普遍比较关注学科方面的创新，而对传统手工艺术缺乏应有的重视和认识，更谈不上创新。因此，佛山市机关幼儿园在科学的教育观和儿童发展观指引下提出了"自

---

① 参见侯莉敏《论儿童个体经验与人类文化在幼儿园课程中的同构》，《学前教育研究》2007年第1期。

然·爱·悦·梦想"的办园理念和"培养健康、幸福、创新的孩子"的办园目标。在愉快园本课程的宏观体系上，创意课程不但是对办园理念中的"梦想"和"创新"培养目标的落实，而且在课程建构的实践中，有效地将主要以大肌肉活动为主的体育活动与以小肌肉活动为主的手工活动有机配合起来，落实了以幼儿为本、自主建构、多元发展的办园目标。

在幼儿园课程实践中，我们清醒地把握住一条：创意课程并不是以"技能技巧的学习"为重点，而是从幼儿的兴趣出发，以传统民间手工游戏活动为桥梁，开发和培养幼儿的学习和创造潜能。从园本课程整体来看，幼儿生长发育从属于自然，智力与知识结构的发展则从属于动作活动中多种感官的协同发展，传统手工艺课程作为孩子天性的想象力和创造力的桥梁，为幼儿思维和能力的拓展提供了可能，并让幼儿在活动的过程中学会分享与合作，从而实现身心和谐发展。

第二节 创意课程的目标与安排

2012年，教育部颁发的《3～6岁儿童学习与发展指南》提及尊重幼儿发展的个性差异并理解幼儿的学习方式和特点，提供丰富的材料，让幼儿自主选择，用自己喜欢的方式去模仿或操作。在《3～6岁儿童学习与发展指南》的引领下，佛山市机关幼儿园在丰富办园内涵的指导下开展创意课程的建构，希望课程的实施更尊重幼儿的个性差异，课程内容更能吸引幼儿，并能张扬孩子的个性，满足幼儿小肌肉活动的发展要求。我们将"幼儿创意活动课程"作为课程特色，结合"做中学"的理念，使创意活动与八大智能和五大领域的发展要求整合，以"艺术创造"及"民间游戏创造"为主要内容，将民间手工游戏中幼儿喜欢的编织、剪纸、陶艺、手影、折纸、翻绳作为活动实施的基础。

一、创意课程总目标

第一，感受中国民间传统艺术活动独特的魅力，增强民族情和自豪感。

第二，注重培养幼儿的非智力因素，使其在实践活动中懂得尊重他人、帮助他人；同时，在活动中体验成功的乐趣，体验劳动的可贵和创造的愉悦。

第三，学习简单、基础的游戏活动，创出新的游戏方法，掌握简单的游戏技能，体验创意带来的乐趣。

第四，学会运用各种方式进行探究，能充分发挥想象力和创造力，锻炼发现问题和解决问题的能力，增强团结协作能力和社会实践能力。

第五，愿意与同伴分享和交流，通过与不同年龄的同伴的交流，学会与人交往，与人合作。

第六，激发幼儿观察生活、发现问题与探究问题的兴趣，培养幼儿动手、动脑及审美能力。

二、各单项课程目标及课程安排

（一）剪纸活动

1. 活动说明

剪纸是一种用剪刀或刻刀在纸上剪刻花纹，用来装点生活或配合其他民俗活动的民间艺术。剪纸作为中国最为流行的民间艺术之一，其历史可追溯到6世纪，常用于宗教仪式、装饰和造型艺术等方面。现在，剪纸更多地用于装饰，可用来点缀墙壁、门窗、房柱、镜子、灯及灯笼等，也可为礼品作点缀。作为佛山民间传统手工艺术，其在本地社会和文化中占据着相应的地位，可以说剪纸已融入佛山社会和文化的血液中。

2. 活动目标

剪纸活动的目标及指导要点如表4-1所示。

表4-1 剪纸活动的目标及指导要点

	3～4岁	4～5岁	5～6岁
活动目标	1. 引导幼儿欣赏各种剪纸作品，培养幼儿对剪纸的兴趣 2. 引导幼儿正确使用剪刀，学习有目的地剪直线、曲线 3. 培养幼儿良好的剪纸习惯，垃圾入筐，注意安全 4. 学会对折剪的技能，感受作品的对称性；学习剪曲线直线相结合的作品 5. 认识示意图，能独立完成作品；在熟悉图样的基础上，初步尝试幼儿自画图样；学会镂空的基本方法，如几何图形、月牙形、心形等简单方法	1. 认识构图，能看懂图示自己折、画、剪，进一步掌握剪纸的基本技能，如镂空、折、剪等 2. 提高幼儿自画稿能力，侧重物体比例、形象性等方面的培养 3. 练习剪基本纹样、单独纹样、连续纹样、对折几何图案等 4. 尝试有目的地运用月牙形、锯齿形、几何图形等有意识地进行镂空，培养幼儿的创造力	1. 掌握折剪技能，学习三角折剪 2. 在欣赏优秀作品，观察图片或实物的基础上，学习自己有比例地画样稿 3. 大胆想象，依据主题创作样稿 4. 根据物体的特征学习镂空创作 5. 尝试主题性剪纸和组合性剪纸，在剪出动物的同时剪出有关情节，符合主题要求

续表 4-1

指导要点	1. 3～4 岁的幼儿能双手协调、灵活地剪直线、曲线和对折剪出对称的形状 2. 4～5 岁的幼儿能运用各种工具，进行勾画、剪刻出各种可镂空的形状并装饰 3. 5～6 岁的幼儿能学画样稿，大胆想象，能根据主题进行创作，剪出简单的情景 4. 4～6 岁的幼儿愿意对作品进行分享、欣赏和评价

3. 课程安排

剪纸活动的课程安排如表 4-2 所示。

表 4-2 剪纸活动的课程安排

使用材料	剪刀、蜡光纸，80 克色纸、正方形纸、长方形纸			
活动安排				
	每天		每周	每学期
	区域活动	过渡环节（自选）	集体活动	亲子活动
	1～2 次 （每次 30 分钟）	1 次 （每次 25 分钟）	2 次 （每次 25 分钟）	2～3 次 （每次 30 分钟）

（二）折纸活动

1. 活动说明

折纸是一种将纸张折成各种不同形状的艺术活动。折纸又称"工艺折纸"，它具有材料易取、无时间空间变化等优点，而且造型富于变化，生动形象。在现代，折纸已经不再只是儿童的游戏，它也是一种既富挑战性又能启发思维的有益身心的游戏活动。

2. 活动目标

折纸活动的目标及指导要点如表 4-3 所示。

表 4-3　折纸活动的目标及指导要点

	3～4 岁	4～5 岁	5～6 岁
活动目标	1. 认识纸也可以作为我们的玩具材料，体会折纸的趣味性 2. 引导幼儿初步学习边、角对齐的折纸方法 3. 通过鼓励和指导，学习折纸的基本方法 4. 引导幼儿在学习对边折、对角折的基础上，折出简单的物像	1. 对折纸有一定的兴趣，引导幼儿学习按中心线折、双正方折、双三角折的方法，折出简单的物像 2. 能通过粘贴、添画等方式丰富和美化折纸的作品 3. 了解对称美，初步培养幼儿从形式美的角度进行评价 4. 帮助幼儿学习用平面折纸反角、拉伸等技能，提高幼儿对手的控制能力 5. 愿意向同伴简单介绍自己的折纸作品	1. 引导幼儿较熟练地使用和选择各种辅助工具和材料，通过折纸，创造性地表现自己的认识和感受 2. 能运用熟练的手法，折出不同的物体，表达自己的意愿和想法 3. 引导幼儿学习用各种技法、折出物体的各个部分，组合成整体物象 4. 知道作品如何反映现实生活，知道对称和均衡美，初步学会正确评价美 5. 用目测的方法将纸等面状材料分块折，并拼贴平面的物象或制作立体的物象
指导要点	1. 3～4 岁的幼儿学会边对折、角对折、双三角、反角、拉伸等方法，折出有象征意义的物体 2. 4～5 岁的幼儿会运用粘贴、添画等方式丰富和美化作品，创造性地表现自己的认识和感受 3. 5～6 岁的幼儿能了解部分与整体的结构关系，有对称和均衡意识 4. 4～6 岁的幼儿会分享、评价作品		

3. 课程安排

折纸活动的课程安排如表 4-4 所示。

表 4-4　折纸活动的课程安排

使用材料	蜡光纸、80 克色纸、正方形纸、长方形纸、卡纸、广告纸、牛皮纸等		
活动安排			
每天		每周	每学期
区域活动	过渡环节（自选）	集体活动	亲子活动
1～2 次 （每次 30 分钟）	1 次 （每次 25 分钟）	2 次 （每次 25 分钟）	2～3 次 （每次 30 分钟）

（三）陶艺活动

1. 活动说明

中国是陶瓷古国，佛山陶艺也名扬海外。人类与生俱来就有亲近大自然、亲近泥土的天性。泥土多变的特性，是幼儿释放自我、阐述童真的一种手段。幼儿的陶艺活动作为一种游戏，是幼儿在玩泥的过程中将自身的经历体验重新组合，并赋予作品新的意义的活动。幼儿借助陶泥塑造各种形象，表达自己对现实事物的认识及内心情感。

2. 活动目标

陶艺活动的目标及指导要点如表4－5所示。

表4－5 陶艺活动的目标及指导要点

	3～4岁	4～5岁	5～6岁
活动目标	1. 在操作中初步感受泥的变化，喜欢玩泥 2. 初步接触、认识并尝试使用陶艺的材料和工具，养成良好的陶艺活动习惯 3. 以团圆、搓压、捏合等基本技巧为重点，能按照自己的意愿尝试塑造简单的立体形象，如表现各种水果、动物、静物等单个泥塑造型，逐步养成对陶艺的兴趣 4. 观赏优秀的陶艺作品，萌发对陶艺活动的兴趣	1. 依据自己的生活体验来创作感兴趣的事物，并能通过各种角度观察对象，抓住物体的主要特征，发挥想象和联想，制作出完整的独立物体或简单的组合物体作品 2. 根据活动内容和泥的性质，正确使用多种工具和材料，尝试用团、捏、压、搓、擀等技能创作作品，注意工具使用中的安全，并学会收拾整理 3. 能与同伴初步合作，欣赏、交流、评价自己或他人的泥塑作品，初步了解陶艺的知识与文化 4. 尝试将陶艺活动与游戏活动或其他领域的活动相结合，增加陶艺活动的趣味性	1. 能主动参与多种陶艺创作活动 2. 进一步掌握各种制泥的技能，会用泥进行创造人物、动物及组合事物 3. 能按照自己的构思创作，制作自己喜爱的题材，表现自己喜爱或欣赏的事物
指导要点	1. 3～4岁的幼儿具有一定的空间知觉能力，能按照自己的意愿塑造简单的立体形象 2. 4～5岁的幼儿能运用各种辅助工具，按自己的想法创作，表现出物体的形象特征 3. 5～6岁幼儿会与同伴合作，按照计划分工完成作品的制作、装饰、美化等 4. 4～6岁的幼儿可尝试欣赏、评价自己或他人的作品，初步了解陶艺的知识与文化		

3. 课程安排

陶艺活动的课程安排如表4-6所示。

表4-6 陶艺活动的课程安排

使用材料	陶泥、泥浆、模具、竹签、画笔、彩色颜料等		
活动安排			
每　天		每　周	每学期
区域活动	过渡环节（自选）	集体活动	亲子活动
1～2次（每次30分钟）	—	2次（每次50分钟）	1～2次（每次60分钟）

（四）翻绳活动

1. 翻绳说明

翻绳主要是依靠手指来操作的一种游戏活动。翻绳在中国的不同地域都很流行，它看似简单，道具也少，但在玩的过程中，需要手指灵活地进行撑、勾、挑、翻、收、放等动作，才能确保一次顺利的变化。它可以一个人玩，也可以两个人、多个人一起玩，是一种能在娱乐中解决问题的活动。

2. 活动目标

翻绳活动的目标及指导要点如表4-7所示。

表4-7 翻绳活动的目标及指导要点

	3～4岁	4～5岁	5～6岁
活动目标	1. 愿意和教师一起，将一条长绳子翻出各种简单的造型 2. 在引导下，尝试与成人合作，用缠、绕、穿、挑等方法改变翻绳的造型 3. 通过一系列有关绳子的游戏，初步体会到翻绳的乐趣 4. 在成人的鼓励下，愿意进行初步的展示	1. 运用绕、翻、掏、拧、挂、挑等手法表现简单的物体，体会手指活动带来的成功感 2. 能初步按绳子的形状判断翻绳的方法，尝试与同伴一起合作，继续将绳子翻下去 3. 引导幼儿尝试更多新颖的玩法，保持对翻绳游戏的持久兴趣 4. 能较熟练地运用翻绳的形式反映出生活中物体的具体形象，尝试简单地介绍自己翻出的作品	1. 乐于参加翻绳游戏，主动与同伴交流不同的翻绳方法 2. 能清楚地说出自己翻绳的步骤，会欣赏、评价别人的翻绳作品 3. 较熟练地使用和选择各种线状材料表现自己的想法或意愿 4. 通过翻绳，使幼儿掌握简单的玩编技巧和方法，训练幼儿手、眼协调能力

续表 4-7

指导要点	1. 3~4 岁的幼儿愿意与成人合作，用缠、绕、穿、挑等方法改变绳的造型 2. 4~5 岁的幼儿喜欢与同伴合作翻绳并尝试新的玩法 3. 5~6 的幼儿能进行一些稍复杂的变化（如编活扣），或尝试多人合作一起玩 4. 4~6 岁的幼儿喜欢用线状材料表现自己的意愿和想法，会欣赏、评价作品

3. 课程安排

翻绳活动的课程安排如表 4-8 所示。

表 4-8 翻绳活动的课程安排

使用材料	各种粗细、长短不同的绳子		
活动安排			
每 天		每 周	每学期
区域活动	过渡环节（自选）	集体活动	亲子活动
1~2 次 （每次 30 分钟）	1 次 （每次 25 分钟）	2 次 （每次 25 分钟）	2~3 次 （每次 30 分钟）

（五）手影活动

1. 活动说明

光与影、白与黑是幼儿生活中最容易接触的现象。对幼儿来说，手影是一种简单又充满趣味的小游戏，通过手指的灵活变动摆出各种各样的造型。作为一种传统的儿童游戏，手影历史悠久，且十分简便。它不需要复杂的设备，只要一盏灯，甚至一轮明月，就可以展开巧思，通过手势的变化，创造出各种事物的形象。多做手影游戏，训练幼儿手的技能，对于开发其智力十分重要，可以使他们想象更为丰富，培养其创造性。

2. 活动目标

手影活动的目标及指导要点如表 4-9 所示。

表4-9 手影活动的目标及指导要点

	3～4岁	4～5岁	5～6岁
活动目标	1. 通过肢体或手部的动作，探索影子成像的现象 2. 会用单手手指伸、屈、开、合等变化印射出多种影子的形状 3. 会做单手做的剪刀、锤子、蛇等简单物体的影子 4. 会做太阳、孔雀、鳄鱼、房子等简单物体的影子 5. 学习用双手做蝙蝠、海鸥等物的影子	1. 尝试用物体模片复剪出纸质的形状 2. 能用单手做孔雀、狗头等动物影子造型 3. 学习用双手做鹅、鸭子、兔子、大象等较复杂造型动物的影子 4. 尝试通过与同伴的合作表现出物体的影子 5. 学习用手指配合一定形状的物体做蜗牛等动物的影子	1. 通过涂、画等方式制作简单的手影造型 2. 初步了解影子成像的原理，能通过白幕、光线照射等进行光影游戏 3. 能根据常见动物的外形特征，用手来创编手影动作 4. 会与同伴一起合作玩自导自演影子的故事游戏
指导要点	1. 让幼儿观察亮与暗、光与影，感知影子成像的过程与原理 2. 让幼儿用手部动作的变化变出常见的动物或其他物品 3. 用灰暗或黑色的纸剪出基本相似的形状，成为物体的影子 4. 引导幼儿合作进行手影表演		

3. 课程安排

手影活动的课程安排如表4-10所示。

表4-10 手影活动的课程安排

使用材料	光源、密闭的空间、小道具		
活动安排			
每天		每周	每学期
区域活动	过渡环节（自选）	集体活动	亲子活动
1～2次 （每次30分钟）	1次 （每次25分钟）	2次 （每次25分钟）	2～3次 （每次30分钟）

（六）编织活动

1. 活动说明

编织是人类最古老的手工艺之一，按编织材料分为草编、棕编、竹编、麻编、柳编、藤编六大类。手工编织和纸艺穿编需要两手同时协调活动，这就锻炼了右脑半球。幼儿可以先从穿编开始，掌握穿插的规律后，再逐步掌握编织的方法。幼儿在编织每一件作品时，或多或少会有一些自我设计和创新,因此可促进其思维和创造性的发展。

2. 活动目标

编织活动的目标及指导要点如表4-11所示。

表4-11 编织活动的目标及指导要点

	3~4岁	4~5岁	5~6岁
活动目标	1. 认识、了解生活中的编织物,体会编织的有用和有趣 2. 学习利用线状物或条状物按纵横方向,一上一下穿插的方法进行穿编 3. 尝试有规律地在设置好的洞洞里上下穿编,织出各种"图案" 4. 通过一系列穿编游戏,萌发幼儿对编织活动的兴趣,使其体会到编织的快乐	1. 引导幼儿初步掌握使用条状物互相交错或勾连,穿编成各种平面物品 2. 欣赏各种编织工艺品(实物)拓宽幼儿对编织的认识与理解 3. 引导幼儿在操作中尝试新玩法,并鼓励孩子简单介绍自己的作品 4. 学习将布条分成三股编成小辫子,一边编一边向下续,编到合适的长度为止 5. 利用自己编好的小辫绳,根据自己的设计制作作品,初步学习用针线缝制固定	1. 乐意参加穿编游戏,主动与同伴交流不同的穿编及编织的方法 2. 知道运用作品反映现实生活,较熟练地使用和选择各种线状材料进行编织,表现自己的意愿 3. 尝试用线状材料按纵横交叉的原理编织成立体物品 4. 通过编织活动养成耐心、细致的操作习惯 5. 初步了解编织工艺的方法及构成的基本原理
活动指导	1. 3~4岁的幼儿学习用线状物或条装物按纵横方向,一上一下穿插的方法进行穿编 2. 4~5岁的幼儿初步了解穿编工艺的一些基本方法 3. 5~6的幼儿喜欢尝试各种穿编的方法,了解编织的一些基本原理 4. 4~6岁的幼儿愿意体会编织的快乐,创编新的玩法,并尝试对自己操作方法或作品进行介绍			

3. 课程安排

编织活动的课程安排如表4-12所示。

表4-12 编织活动的课程安排

使用材料	卡纸、包装带、各种粗细不同的绳子、毛线、布条、干草		
活动安排			
每 天		每 周	每学期
区域活动	过渡环节(自选)	集体活动	亲子活动
1~2次 (每次30分钟)	1次 (每次25分钟)	2次 (每次25分钟)	2~3次 (每次30分钟)

第三节 创意课程的实践成果

一、环境创设与文化熏陶

(一) 艺术化的墙面营造想象的氛围

走廊、过道、楼梯是幼儿每天都要路过的地方,充分利用好这些空间,为幼儿创设一个艺术化的环境,让他们接受各种色彩、形态和材料的感官刺激,让艺术化的环境对其产生潜移默化的影响。(图4-1至图4-6)

图4-1 走廊里的幼儿折纸作品展示墙　　图4-2 色彩斑斓、想象丰富的幼儿作品墙

图4-3 楼梯口的剪纸艺术墙　　　　　　图4-4 楼梯间的幼儿作品展示区

图4-5 由各种材料组合而成的触摸墙　　图4-6 公共走廊的彩色"浮雕"墙面

（二）特色化的区、角充分发挥出动手创作的功能

按教师的兴趣和特长，将班级按各个创意课程进行划分，如折纸班、剪纸班、陶艺班等，由教师和幼儿及其家长一起创设特色区域，积极促进本班幼儿在某一课程领域的操作和学习。（图4-7至图4-12）

图4-7　班级美术创意区立体纸工作品

图4-8　班级阁楼梯角落的折纸作品展示

图4-9　剪纸课程班的特色吊饰

图4-10　美术室的剪纸区

图4-11　班级折纸功能区域

图4-12　编织课程班活动区角

二、投放各种材料，促进幼儿动手操作

根据维果斯基的儿童发展理论，幼儿思维和想象力的发展是通过动作活动来实现的，特别是小肌肉动作。动手操作不仅能促进幼儿的"手巧"，

也是直接引发其"心灵"的过程。(图4-13至图4-18)

图4-13 制陶——感觉泥的流动与形变　　图4-14 折纸——感受平面到立体的变化

图4-15 穿编——体验材料的色彩与形状　　图4-16 剪纸——了解纸的实、空与图像

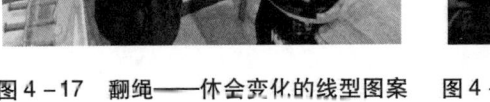

图4-17 翻绳——体会变化的线型图案　　图4-18 手影——认识有趣的黑白世界

三、通过观察记录与反思加强课程活动的指导

佛山市机关幼儿园的教师都习惯了对每次创意活动进行观察和记录。观察的意义在于发现，每次活动后，幼儿的经验是什么，操作的过程是怎样的，有没有合作、协商，最后是如何解决问题的……通过对幼儿活动情况的分析，以及对其能力和发展水平的对比，更多的是帮助教师对活动内

容、过程、效果进行评价,并为设计下一阶段的活动奠定基础。而在观察的方法或角度上,教师可以按课程进行的程度或活动开展的实际情况进行选择,选择的基本原则是让观察记录有意义。

(一) 个别观察

个别观察强调个体性和针对性,把握住那些在活动中差异性比较突出,又具有启发性的个体的操作情况。表4-13是陶艺班的活动观察记录,以供参考。

表4-13 陶艺班活动观察记录

活动内容:小兔的大牙(陶泥)	记录人:黄老师
时间:2016年4月16日	观察对象:幼儿A
情况记录: 　　A说要做一只兔子,教师问他兔子有什么特点。他说,我喜欢它很滑稽的大牙,教师马上鼓励他把兔子的大牙齿做出来。A听完后马上动手,并分出两块泥团,按自己的意愿做出兔子的头部和身体,有时还会用工具进行辅助创作,兔子的牙齿做得跟别人的不一样,非常有特色,得到了其他幼儿的赞赏	
分析: 1. A很有想法,能按自己喜欢的进行创作 2. A对做陶泥的兴趣很浓,而且兔子是他喜欢和熟悉的小动物,A在创作中大量使用工具,对陶泥的创作过程较为熟悉 3. A的陶泥制作技巧和经验还有待加强	
指导策略: 1. 教师用鼓励的方法给予A大力的支持 2. 教师在进行活动前对A进行了语言启发,可以让他对兔子的各种动态形成较清晰的概念 3. 让A在玩泥的过程中感知兔子的牙齿和长耳朵等特征	

(二) 小组观察

对于进行相同或相近活动的幼儿的观察,可基于了解他们活动的目的性、合作性和活动结果进行观察,以分析、评估他们在创意课程活动中所掌握的经验和能力,以及在本次活动中产生的新经验,这在幼儿自主分区活动中更容易观察得到。表4-14是剪纸班的活动观察记录,以供参考。

表 4-14 剪纸班活动观察记录

活动内容：松树	记录人：王老师
时间：2016 年 4 月 28 日	观察对象：幼儿 A、B、C

情况记录：

　　在分区活动时，A、B、C 选择了剪纸区，于是，三位小朋友按要求拿了剪刀和盘子，快速地坐在座位上剪起了各种各样的花。其中，A 说："老剪花，不如我们今天剪些别的东西。"另两位小朋友听了便说："好啊。"经过商量，三人决定一起剪松树。然后，他们一起探讨松树是什么样子的，接着便尝试着剪起来，但似乎剪得并不好看。这时，B 说："我们应该先画出来再剪啊。"三位小朋友拿起笔画了起来。这种先画再剪的方法果然有用。A 说："原来剪纸就是这样剪出来的，好简单啊！"

分析：

　　幼儿对剪纸方法的掌握，更多的是在自己操作过以后才有清楚的认识。在自由活动中，幼儿会根据自己的需要来回忆已有的经验，就如这次的剪纸"松树"是小朋友通过讨论而自选的主题。在不断的尝试中，从直接剪到发现剪得不太满意，在回顾剪纸经验的基础上，最终找到简单、可操作的方法，解决了问题

指导策略：
1. 根据分区活动的重点，着重引导幼儿将纸张的两条边线对齐折好。进行对折时，在完全对齐的情况下才能完成纹路剪
2. 事先讲清剪纸要求，同时，通过不停地尝试发现问题，学会新的剪纸方法
3. 鼓励幼儿大胆尝试

（三）集体观察

　　集体观察是在实施创意课程的前、中、后某一阶段对全班整体水平的一次观察和评价，发现、验证全体幼儿在本课程中的整体性经验或水平，以对课程计划或已实施的课程活动进行评估或调整。尽管集体观察的记录做得并不多，但对于幼儿在课程中整体性或阶段性水平的评估还是必不可少的。表 4-15 是折纸班的集体观察记录，以供参考。

表 4-15 折纸班活动观察记录

活动内容：折纸	记录人：李老师
时间：2016 年 5 月 12 日	观察对象：全班幼儿

情况记录：

　　最近的折纸活动，本是想培养幼儿认真观察的习惯，以及做事的顺序性、条理性。但是几次活动下来，我发现，我们班有很多幼儿的角对角、边对边的折叠很马虎，经常草草了事。折纸不是他们喜欢的活动吗？怎么会出现这样的情况？

续表 4-15

分析:
我仔细反思了一下,可能活动的时间太短。但是大班的折纸活动不比小班的折纸活动,它的步骤比较多,作为教师的我可能追求了活动的结果,一心想要他们在这个活动上学会折某件物体,只看到一部分动手能力强的幼儿,所以导致大部分幼儿因为教师的教授速度太快而跟不上,所以没有很仔细地折

指导策略
针对这一情况,我采取了以下措施:
1. 把折纸的基本方法先教授给他们,如对边折、对角折、双三角形、双正方形等
2. 延长折纸活动的教学时间。前一教时,先学最基本的折纸方法,再教授前面的简单的步骤。让每个幼儿基本都学会折;后一学时,解决这一任务的难点。这样做,虽然延长了学时,但所有幼儿都有时间跟着教师学,不会因为跟不上速度而草草了事
3. 画出要折的物体的基本图示步骤,让幼儿自己去观察、摸索,发挥其主观能动性
4. 及时表扬那些折纸认真的幼儿,作为其他幼儿的榜样,促进大家共同认真折纸

(四) 创意课程理念下大班幼儿自主兴趣活动

充分利用教师资源和创意课程资源,形成幼儿自主活动的课程形式,发挥其按自己需要选择活动内容的主动性,培养幼儿参与相关活动的兴趣和能力。(表 4-16)

表 4-16 大班幼儿自主兴趣活动安排

活动时间:周五 14:45—15:45				
活动安排				
项 目	授 课 教 师	人 数	授 课 地 点	活动后集合地点
创意手工	A 老师、B 老师	20 人	美术室手工区	—
剪纸	C 老师、D 老师	20 人	课室 1	—
舞蹈 1	E 老师、F 老师	20 人	音乐室 1	大四班
舞蹈 2	G 老师、H 老师	20 人	音乐室 2	大六班
合唱	I 老师、J 老师	40 人	课室 2	—
语言表演 1	K 老师、L 老师	20 人	课室 3	大一班
语言表演 2	M 老师、N 老师	20 人	课室 4	—
科学实验	O 老师、P 老师	20 人	科学室	大二班
足球	R 老师、S 老师	25 人	足球场	—
陶泥	T 老师、U 老师	20 人	陶艺室	—

续表 4-16

项　目	授课教师	人数	授课地点	活动后集合地点
绘画	V 老师、W 老师	21 人	美术室绘画区	大三班
绘画	X 老师、Y 老师	21 人	美术室绘画区	—

活动要求：
 1. 周五大班 14：30 起床，广播响后再出发。注意让女孩子学会自己扎头发
 2. 14：40 开始，相关教师先到指定场地等幼儿，由另一位教师和保育员一同将幼儿带到功能室的相应场地后，保育员看着本班幼儿全部进入活动场地后方可离开
 3. 操场上的幼儿都回到班级后，Z 老师到各班了解幼儿是否都已回班级
 4. 以陶艺室为中点，陶艺班、科学班和绘画 1、2 班从右边楼梯走，舞蹈 1 班、创意手工班从左边楼梯走

第四节　教师、家长对创意活动的感悟（节选）

织围巾

何老师

今年的冬天特别冷。每天看见孩子们两手插在口袋里、脖子缩起来的样子，我就觉得更冷了。

有一天，我突然想到了几年前看过的一个视频——懒人织围巾。我想，不如让孩子们一起参与到织围巾中，既好玩，又能有成就感，何乐而不为呢？于是我开始在网上寻找那个视频。好在资源虽然老，但还是能找到的，只是视频比较模糊，还插播了广告。为了让孩子们更清晰地了解用盒子织围巾的方法，我把视频下载下来，然后用软件剪辑，力求让孩子们看得明白。

经过了一段时间的努力，孩子们的编织成果逐渐显现出来，不仅孩子们很有热情，连家长们都来凑热闹，每天都有孩子带一大卷毛线来幼儿园，我们的课室变得又"繁忙"又"充实"。（图 4-19）

图 4-19　孩子在专注地工作

通过这一次的编织活动,我的感触很多,最深刻的一个感悟就是,以孩子的生活经验为基础进行教育活动是非常顺利的。虽然我们班的特色并非编织,但是孩子们对于编织的热爱已经远远超出了我的想象。我想,是否我也可以找到某个方法,让孩子们像爱玩编织那样爱玩翻绳。

小小折纸益处大

邓熙哲家长

我们家熙哲是个活泼好动的男孩子,每天回幼儿园都特别兴奋,活蹦乱跳,总有使不完的劲儿,欠缺纪律和规矩。班主任丁丁老师对熙哲的这个情况特别关心,多次与家长进行沟通、交流和探讨针对他的教育方法。她发现熙哲的动手能力比较强,建议

图 4-20 喜爱折纸活动的邓熙哲

我们在家里让他多练习折纸(图4-20)。于是,我特意买了很多色彩丰富、各式各样的纸跟他一起折老师课堂上教的图形。

在练习过程中,我们发现折纸对培养孩子的各种能力确实大有益处。

首先是锻炼孩子的综合协调能力。学习折纸需要用眼睛看折叠的过程,同时要思考,记住过程,每一步都讲究严谨细致,其间遇到问题,还要仔细去想刚才别人是怎么折的。这样就可以使孩子开动脑筋、活跃思维,从而达到手、眼、脑三位一体的综合协调。

其次是训练思维,促进智力的发展。每一种折纸,都是一定物体的造型。孩子在折纸时,为了完成某个图形,就必须开动脑筋,积极思考,反复实践,使自己所折的形状符合实际物体的形象。

再次是锻炼意志,培养持之以恒的品质。折纸是一门细致的手艺,需要按步骤、规则进行。在折纸游戏中,要折出一件令人满意的作品,就必须按先后顺序一步步来,否则就会失败。在各种各样的折纸实践中,可以培养孩子一丝不苟、细致缜密、不慌不忙、坚持到底的良好品质。复杂的造型非常考验孩子的耐心,有时遇到困难,熙哲也会不耐烦甚至想放弃,我鼓励他一定要想办法克服困难、战胜困难,不要因为小小的挫折而畏惧退缩。当他重拾信心最终完成时,内心充满了激动和喜悦。

最后是享受劳动成果,增强自信心。孩子喜欢做事,更喜欢成功,并且特别喜欢在大人和同伴面前展示、炫耀自己的成果。只要适时地给予赞赏和表扬,孩子的自信心就能得到培养。

另外，通过折纸，还能培养孩子的环保意识。在丁丁老师的引导下，我们教熙哲把常规的折纸延伸到更为复杂的手工制作上，将一些废旧纸张折成实际生活中可以用到的果盘、笔筒等，不仅耐用、美观，还非常环保。丁丁老师说："折纸不仅是一门艺术，还是一种锻炼方法。折纸对任何人都有好处，尤其适合儿童。"

由于老师的正确引导，这个小小的手艺极大地激发了熙哲的兴趣。兴趣是最好的老师，也是产生和保持注意力的主要条件。经过一段时间的折纸和制作活动，熙哲的专注力有了很大的提升，逐渐摆脱了以往那种对事物只保持三分钟热度的状况，懂得集中精神、持之以恒地去完成一件事情，学习能力也有了很大的提高。希望孩子能把对折纸的兴趣一直延续下去，感受它的魅力，享受它的乐趣，并受益终生。

第五章 幼儿教师专业发展实践

教师是课程实施质量的决定力量,通过园本培训和教科研活动的开展促进教师专业发展、提升教师专业能力,是幼儿园的共同认识和普遍做法。佛山学前教育结合教师专业发展中的问题,积极转变教育观念,重视幼儿自主游戏活动的开展,实施师幼互动和CLASS教育质量评价的观察,为教师专业发展提供助力。

第一节 幼儿教师的定位及其专业化发展

一、幼儿教师的角色与定位

《师说》中提到:"师者,所以传道授业解惑也。"从古至今,不管在哪个时代、哪个地方,拥有怎样的称呼,教师从来都是社会中不可或缺的存在。中国自古以来不乏名师,他们的言传身教向每一代人传播着那个时代的精神之力。幼儿教师作为教师职业中的一个分支,总有一股特别的气质让他们与众不同。时代的发展让幼儿教师逐渐被认识和尊重,而大众对于幼儿教师的要求也在不断提高。作为一名幼教工作者,我们应该怎样适应时代的变化,用什么样的方法提升专业素养,这是一个值得认真思考和研究的问题。

(一)幼儿教师的现状

为配合"佛山幼儿教育实践与探索"的研究,佛山市机关幼儿园课题组参考了相关资料,以佛山市禅城区为主要参考和调查对象,对禅城区及其周边各级别、各层次的幼儿园的教师进行了抽样问卷调查。

在总体调查样本中,23岁以下的教师占比最高,45岁以上的教师占比最低;如果以35岁为分界线,35岁以下的教师比35岁以上的教师所占比例大很多。由此可见,目前幼儿园的教师的年龄总体偏年轻,幼儿园的新鲜力量多。而从性别来看,女性教师依然占有绝对的主体地位;男性教师虽然人数少，但是作为幼儿园的稀缺性别，其发展前景依然乐观。

令人高兴的是，有77.64%的人选择幼儿教师作为职业的初衷是因为喜欢孩子，因受专业限制而不得不从事幼教行业的人仅有13.85%。从总体数据来看，从内心出发，真心热爱幼教事业、愿意为幼教事业发光发热的人还是占大多数的。从教师的学历调查统计中也不难发现，目前，大中专程度学历的教师占绝大多数，本科及以上学历的教师占比虽然不大，但有日益增多的趋势，这说明当下幼儿教师的学历水平较以往有了很大的提升，社会对幼儿教师的专业要求也日渐增高。

学前教育专业毕业的幼儿教师所占比例为85.27%，占总人数的绝对多数，这足以说明佛山幼教工作者的专业性非常强。在幼儿园中，有将近半数的教师进行了职称评定，教师的等级水平有了较好的制度来管理和规范。值得注意的是，虽然幼儿教师的专业水平有了很大的提高，但是超过半数的受试教师表示，自己的月工资不高，每月到手工资在3000元以下的占69.96%，这表明佛山幼教工作者的收入水平普遍偏低。当问到选择离职的主要原因时，选择工资低而离职的人占55.77%，可见收入问题是影响幼儿教师资源流动的主要因素。

虽然目前幼儿教师面临的困境依然很多，但是从问卷数据中不难发现，绝大多数的教师乐于积极主动地寻求自我提升的方法。数据显示，有84.39%的人会积极争取参与幼儿园开展的能力展示活动，以及承担观摩课的机会；有65.46%的教师能够做到经常运用生活化、情景化的方法和游戏的方式设计教学计划，达到教学目标；有80.04%的教师倾向于幼儿的个性教育，尊重幼儿的个体差异，对不同幼儿有不同的教育方法；绝大多数老师会反思自己的教学活动。这都表明，现代的幼儿教师普遍对自己的专业提升有较高的需求，知道要用更加科学的方法对待教育问题，有了疑惑能够主动寻求各方面的帮助，对待幼儿也不再是一体化大课堂的教育模式，教师的专业性得到了很大的提升。

从幼儿园的角度来看，幼儿园对教师的专业化提升也做了很多的努力，每学期都会为教师提供外出学习的机会，不过机会并不均等。数据显示，几乎没有机会外出参加专业学习和个人进修的占14.53%。虽然人数不是很多，但可以看出来，幼儿园还需要一些更好的制度，为教师的专业化发展提供更多的平台和机遇。

（二）幼儿教师的未来

幼儿教师的社会地位正随着社会的发展而受到更加广泛的关注，社会对幼儿教师的要求也在日益增高，她们的学历、经验、能力、个人风格等，都开始成为人们关注和考虑的重要方面。这对于广大幼儿教师来说是一件好事，也是督促他们朝专业化方向发展的巨大动力。从大的角度来说，世界各国的教育各有千秋，各方面的教育名家层出不穷，"培养高素质的教师，走专业化发展道路"① 不仅仅是一种好听的口号，而是世界各国真正从实际出发，通过各种手段、方法支持教师专业化发展的指路标；有很多发达国家将学前教育纳入政府公共服务体系，普及学前教育也成为一个国家提升竞争力的重要手段。事实上也正是如此。虽然我国学前教育的起步与西方发达国家不一样，但是，期间遇到的困难、经历的艰辛都没能阻止学前教育的继续发展。这些困难和艰辛为我国学前教育事业的发展提供了很多经验，我们反思、总结、再操作，终于迎来了《幼儿园教师专业标准（试行）》和《3～6岁儿童学习与发展指南》的出台，学前教育事业也提升到了一个新的高度。

教育部等部门2003年颁布的《关于幼儿教育改革与发展的指导意见》明确指出："今后5年（2003—2007年）幼儿教育改革的总目标是：形成以公办幼儿园为骨干和示范，以社会力量兴办幼儿园为主体，公办与民办、正规与非正规教育相结合的发展格局。"可以说，我国的学前教育是乘着政策的东风，从幕后逐渐走向台前。随着社会的发展、大众教育的普及、经济水平的提高等，人们普遍追求的已不再是物质至上，越来越多的人向往更高水平的精神食粮，越来越多的家长愿意为了孩子的学前教育付出更多，这就直接导致了学前教育市场需求逐渐增多，各种公办、民办的幼儿园遍地开花，一片欣欣向荣之势。但是，拥有学前教育专业知识和技能的幼儿教师的数量却不能满足社会的需求，幼儿园的师生比过小，严重制约着学前教育质量的发展。当然，除了对数量的需求，对教师教育水平的要求也在不断提高。佛山2012年的统计数据显示，全市共有园所793家，共有幼儿教师14982人，其中大专及以上学历者占54.24%。相比深圳等发达地区，佛山幼儿教师的素质提升还有较大空间。家长喜欢细心、耐心、有专业品质、对孩子有帮助的教师，幼儿园青睐学历高、积极热情、有教研能力、技能全面、整体素质均衡的教师。无论是哪一方面，幼儿教师面对的挑战将会比现在更加严峻。

在最近的调查中我们可以看到，目前佛山有83%的幼儿教师的学历为大专及以上，比5年前有了很大提高。越来越多的专业院校开始培养高素质的幼儿教师，很多优秀的幼儿园也把入职员工的学历门槛提升到了本科及以上。可以想见，10年后的学前教育又会有多么大的改变。

---

① 岳亚平：《走向自我更新：幼儿园教师专业发展的未来选择》，《幼儿教育（教育科学版）》2006年第9期。

(三) 幼儿教师的性别与角色

《幼儿园教师自我专业发展状况调查问卷》显示，佛山地区的幼儿教师中，女性所占比例为99.36%，男性教师资源非常缺乏。甚至可以这样断言，不仅仅是佛山地区，整个中国的幼儿教师中，男性教师的数量都是极其少的。为什么会出现这样的现象呢？是男性教师不具有性别优势，还是女性比男性更适合幼儿教师这个职业呢？

事实上，男性教师在幼儿教育中占据着十分重要的地位，并能发挥出女性教师无法替代的作用。这并不意味着哪种性别更占优势，而是表明男女教师有着互相不可模仿或替代的作用，就好比在一个家庭中，缺了父爱或者母爱，都将对孩子的健康成长造成或多或少的影响。世界卫生组织的最新研究成果表明："平均每天能与父亲共处2个小时以上的孩子智商更高，男孩更像小男子汉，女孩长大后更懂得如何与异性交往。"① 在幼儿园中，女性教师的温柔细心能够让幼儿体会到母爱，男性教师的果断刚毅教给幼儿勇敢坚韧的好品格。由此可见，当今的学前教育行业对于男性教师的需求是迫切的。

时代的发展总能带给我们新的思考和探索。我们往前20年看，比起现在，20年前的男性教师更是少之又少，无论是观念的压迫，还是诸如收入等物质方面的影响，都是造成男性教师数量稀缺的重要因素。但是现在不一样了，政府推广大众教育，为学前教育打开了一条大道，很多高等院校鼓励男生报考学前教育专业；人们的思想观念也有了巨大的转变，幼儿教师不再是女性的专职。无论是从幼儿的实际需要来看，还是从国家未来建设来看，男性和女性幼儿教师都是不可或缺的存在。

在普遍观念转变的当下，男性幼儿教师该以什么样的形象和方式工作呢？一味地模仿女性幼儿教师是不聪明的做法，但是只强调男性刚硬的姿态也必然不会被幼儿接受。我们主张男性幼儿教师持一份男儿本色，在学习借鉴的过程中，发挥男性特有的思维方式和阳刚之气，在保教活动的组织中，用男性的行为方式演绎童心、渗透爱心，体现具有自我意识和男性风格的博大、精深与豪爽。② 幼儿园的男女教师比例如果能达到平衡，对我国学前教育将是很大的帮助。我们希望有越来越多的男性教师加入幼儿教育的队伍，除了需要调整以往观念以外，也希望外界能给予幼儿教师更

---

① 《缺乏父爱综合征》，百度百科，https://baike.baidu.com/item/%E7%BC%BA%E4%B9%8F%E7%88%B6%E7%88%B1%E7%BB%BC%E5%90%88%E5%BE%81/6638216?fr=aladdin。

② 参见程沿彤《浅谈高职高专男性幼儿教师的职业优势》，《黑龙江科技信息》2010年第35期。

多的帮助，解决其普遍存在的后顾之忧。

二、幼儿教师的专业化

工作价值观（work value）是个人价值观的重要组成部分，指的是个体根据自身需要，对工作在个体的生存与发展中的意义的稳定态度和观点。[①]幼儿教师的价值观能够直接影响教师本人的工作态度，在面对工作困境时，是迎难而上还是推脱逃避，每天的工作心情是充满阳光还是密布乌云，价值观都在其中起了重要的作用。同样，一个老师的价值观推动着他的成长方向。我们依据幼儿教师的价值观将他们分成三类，并对他们的现状和前景做简要分析。

（一）被动型教师的专业化发展

在生活中，我们是否会遇到这样的教师：在工作中，经常精神萎靡不振，不愿意参加各种专业提升活动，对幼儿园的重大事情漠不关心，不到火烧眉毛绝不改变。这样的教师通常处于被动的情况，只有在外在因素改变的情况下才会迫不得已地作出反应，而这些反应也多半是消极对抗式的。所以，当他们遇到困难的时候，多半会嫌麻烦，不愿意积极攻破，能推卸的绝不包揽，做事消极。那么，有哪些因素导致了这种价值观的产生呢？问卷中有"幼儿教师选择这份职业的初衷"一题，我们很欣慰地看到，出于兴趣爱好而选择幼教职业的人占据了绝大多数，只有少数人是被动地从事幼教职业的（图5-1）。在后者的内心里，多半对这个职业抱有抵触心理，在一开始的工作中多多少少会有拒斥感。当然，我们不排除有些人会在就职后渐渐爱上幼儿教育；但是至少有10%的人在工作中依然抱着勉强的心态，逼迫自己从事不喜欢的事业，这样的人，工作效率会很低，心态不好，对其身心健康来说都是严重的伤害。所以，我们得出结论：被动型教师产生的原因之一是内心并不热爱幼教事业，不能由衷地认同自己的职业。

问卷中还有一题询问被试者的"职业目标"。这一题主要调查幼儿教师的工作动力和方向。调查显示，有37.72%的教师选择向管理层冲刺，这一类人的目标指向性很强，有明确的目标，一般情况下，这类教师多属于做事主动积极的类型。有15.95%的教师选择了专科（科任）教师，虽然并不是冲着向上一层考虑，但是这类老师的目标也十分明确，知道自己

[①] 参见赵辉《国外工作价值观研究综述》，《燕山大学学报（哲学社会科学版）》2011年第2期。

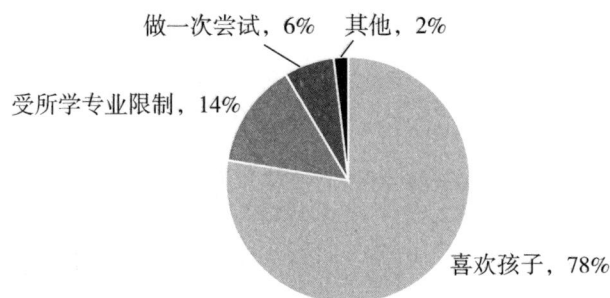

图 5-1 幼儿教师职业认同

想要什么，愿意找寻合适的方法达成自己的目标，一般来说，这类教师的主动性也比较强。有 42.71% 的教师选择了"班任教师"这个选项，我们就可以将这部分教师分成两种来看：第一种教师愿意脚踏实地地工作，乐于将自己的职业生涯奉献在幼教行业的第一线，愿意钻研，主动出谋划策，热爱自己的职业和岗位，心态平和；第二种教师是懒得向更高层次迈进，觉得自己目前的状态就很好，不用去追求任何提升，遇到事情能推脱就推脱，安于现状，不思进取。

第二种教师往往存在一种自暴自弃的心理，而且多半存在于工资和生活方面比较稳定的教师群体中，尤其是年龄较大或即将退休的教师，他们容易陷入"求稳定"的状态。这样的状态并不是说有什么不对，但是，往往这类教师会在无形中给其他教师增添压力。例如，当下的办公方式早就由低头备案转变为无纸化办公，许多新型的授课方式如"微课"正在改变传统的授课方式，时代的变化也在催促教师的自我更新和进步。主动型的老师就会积极学习，被动型的教师则会消极对待，因为他们认为新鲜的事物很麻烦，担心这些东西会减少自己的空余时间，更有甚者，觉得反正其他人在学，或者反正自己老了，不学也没关系。虽然这种想法让他们觉得轻松了，但是无形之中，却给他们的搭档带来了压力，增加了搭档的工作量。

不得不说，这种消极情况在我们的日常工作中会经常见到，很多年轻教师会抱怨老教师不学习用电脑的方法，总把事情丢给年轻教师做，等等，诸如此类的事情是让人很痛心的。教师这个职业赋予了人们教育他人的责任，同时也必须保证自己所传授的知识能与时代接轨。大学的教授常说，别说 10 年前的东西了，就算是 3 年前的东西都已经过时了，大学生大一学习的知识，到了大三都要扔掉，所以别想着吃老本就能永保太平，思维年轻化才能保证一个教师的教育质量。那么，被动型的教师应当如何应对未来的考验呢？

1. 抛弃"吃老本"的惰性

"吃老本"是什么意思？说好听点，就是依赖原有的知识、本领或功劳过日子；说白了就是靠老资格吃饭，没有新的贡献。这个词最早出现在1977年的《光明日报》上，如今仍然有那么多人依赖老旧经验，倚老卖老，着实可悲可叹。这里并非讽刺"老经验"，而是时代的变迁告诉我们，有些东西只适合当时的社会情况，放在如今已经不合适了。就如很多工业已经从纯手工转变成了大工厂机器操作，节省了大批劳动力，为工厂带来更大的收益。既然如此，还有哪个老板愿意花更多的资金去请劳动力来工作？老板要学的重点已经不是如何管理庞大的劳动力群体，而是学习管理机器的方法了。这就是适应时代发展的表现。我们想说明的是，不是经验不好，而是经验要适应当下的时代。鲁迅在《拿来主义》里说：去其糟粕，取其精华。我们的老经验不可能像"除四旧"那样全盘否定，否则源远流长的上下五千年历史不就成了笑话？我们要做的，是从老经验中提炼出精华，吸取其中最好的东西，留作己用。教师也是这样，他们会在工作中不断积累经验，也可能从同事同行处学来经验，但是真正被吸收和使用的经验往往是能被自己接受的那一部分。不管吸收多少，有了"吸收"这个动作，就能让教师的思想不断更替发展，比起原地踏步、固执己见，实在好得多。

2. 与时代接轨

当下的教育手段日新月异，如今的"微课"潮流，上至成人教育，下至小学甚至幼儿园教育，都作为一种新的教学方式，随处可见。每年的"微课"作品大赛收获的优质作品日益增多。制作"微课"难不难？真的难！做好一个"微课"，无论是前期的经验准备，还是后期的使用过程，没有哪一步是轻松的。但是，我们的教师们很聪明，只是运用手头的基本工具，就算PPT运用得并不熟练，哪怕只有一台手机、一张纸、一支笔，都能完成意想不到的好作品。所以，不要抱怨自己不懂电脑操作，没有动听的嗓音，毕竟，没有做不好的教师，只有不想做的教师。很多不了解教师行业的人，尤其是对幼儿教育不了解的人，总是看轻幼儿教师，说是只要带带孩子、做个保姆就行了。这也是很多幼儿教师的心头之痛。一个专业的幼儿教师，保育工作自然是其责任之一，但同时还有"教育者"这个身份。幼儿教师要想尽各种"手段"，玩转各种"花样"，让懵懂的幼儿接受我们的"输出"；在幼儿教师需要家园合作的时候，又要用尽口才说服家长支持我们，真的很不容易。而这份不容易，往往折磨着本来就数量不多的幼儿教师的身心。被动型的教师往往容易自暴自弃，想着干脆不做了，甚至要离开。但是，笔者在这里还是想鼓励幼儿教师们：不要紧，坚持下去，只要你还热爱这份职业，你就能从中找到属于你的乐趣和经验。因为，不是所有的家长都不听劝告，不是所有的幼儿都顽皮任性。我们有的是中央和各级政府以及大多数家长和幼儿的支持，还有那颗属于自己的越来越温暖的心。

（二）主动型教师的专业化发展

相对于被动型教师，主动型教师的显著特点有：积极，思想不落后甚至超前，往往具有独到的见解，敢做敢尝试，等等。这类教师往往给人活泼、有激情的印象，比较受大家喜欢。这种品格多出现在年轻教师的身上，究其原因，"年轻"是他们最宝贵的资源。正所谓"初生牛犊不怕虎"，刚出社会的年轻教师有一种敢拼的精神，他们不害怕失败，因为对他们来说：年轻，没有什么输不起。现代的年轻人还有一个特点：接受新鲜事物的速度非常快。一首没听过的歌，也许听过三遍就会唱了；一个没用过的软件，自己摸索几分钟，大致就会使用了……这些特质都是年纪大一些的教师所羡慕的。当然，主动型教师并不局限于年纪的大小，无论是年轻人还是"老资格"，都可以是一位主动型的教师，关键在于教师以怎样的态度面对工作。多一些正能量，便会多一份动力，把幼儿教育事业当作一件快乐的事情去做，肯定比每天烦恼要好得多。那么，主动型的教师是不是等同于优秀的教师呢？答案是：不等于。主动做事与做好事情完全是两码事。我们往往能看到，有些教师做事很勤奋，白天尽力带班，晚上加班到很晚，每天东奔西走，各种比赛、活动中都能看见他们的身影，可是结果往往不尽如人意。为什么他们已经那么努力和主动了，上起课来还是没能完成计划目标，与家长的沟通依然存在隔阂，经常加班却还有一大堆的事情等着去做？因为，他们没有找到做好事情的方法。敢拼不等于成功，它只能成为一种动力推动着人用积极的情绪做事。成功的人，除了拥有一股拼劲儿，还有一颗"想问题"的脑袋。他们会在做之前构思计划，怎样高效率地完成事情就是计划的目标。这个计划也许要费些时间，但是做得多了，经验多了，做起来也就有条不紊了。

从图5-2中我们能看到，选择了"和其他人一样"的被试者占据了绝大多数，这里面有一部分人是因为认同同伴的教育理念和方式，从而觉得自己和其他人一样；另一部分人则是因为不敢出头，怕自己因为与别人不一样而被排斥，所以宁愿自己与大众一样，这就是典型的"随大流"。笔者觉得，不否定观念一致，但是更希望在一致的观念下有自己的创新，正所谓"求同存异"，有自我个性的教师才是更受瞩目的类型。我们在图5-2中还看到一小部分特例，有2.79%的人选择了"有些格格不入"。首先，这部分人有自己独特的观点，这也是个人风格的体现，只要他们的观

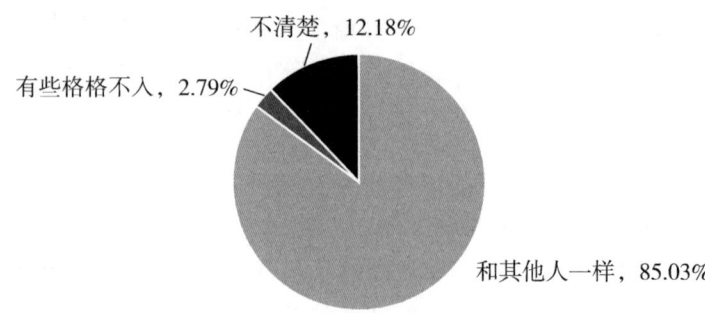

图 5-2 教师的自我认知情况

点符合科学的幼儿发展观,我们都鼓励其在实践中积极尝试,与同伴或值得信赖的人沟通交流,研磨出一套属于自己的、有特色的教育方案。

那么,主动型的教师在当今时代如何向专业型的教师发展呢?

1. 学会反思,做好经验总结

子曰:"学而不思则罔,思而不学则殆。吾日三省吾身。"长者的智慧告诉我们,经验是好东西,当我们学会从过去的经验中总结精华,便能取得新的进展。教师也要学会"三省吾身",上完一次课,反思自己做得好与不好的地方;与幼儿交流后,反思自己在语言措辞上是否得当,对幼儿的教育能否起正面作用……不要觉得反思活动很烦琐,有目标的教师会将"反思"作为自己成长的阶梯,每一次的反思都是一次进步。反思是教师专业成长所必备的一种能力,教师只有在自我教育实践中,不断学习,不断思考、审视、判断、总结,才能不断调整自己的教学过程,规范教育行为,从而不断获得专业成长与成熟。[①] 从图 5-3 中我们欣喜地看到,在问卷中有接近 100% 的被试者表示在教育活动后会有反思,这其中有 34.2% 的教师是"有选择的反思",即将自己认为十分重要的部分拿出来反复咀

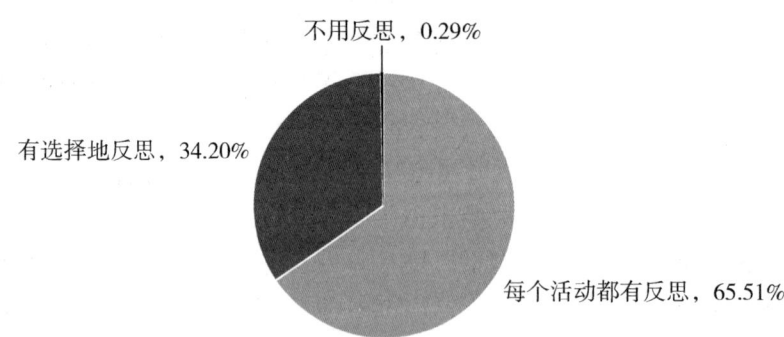

图 5-3 教师对教育活动的反思情况

---

① 参见彭兵《幼儿教师专业成长的主要障碍及对策》,《学前教育研究》2004 年第 11 期。

嚼消化，内化成个人部分，这也不失为一种有效率的办法。同样，我们也真心希望那不到1%的教师能够将反思"取回来"，真正的不浪费每一次宝贵的经验，从做中学习。

2. 开展教研活动

教师的成长一般都要经历新手—熟手—专家的过程，具有科研能力、有自己的思想特色，将是一个教师走向专业化的必备因素。提高教师的专业化水平，就要提升教师的教育研究能力。这样的能力绝不是天生就具备的，而是需要教师在实践中不断积累和反思，在教研活动中明确自己的问题，知道用什么手段和方式调研，从哪里可以获得经验参考，这都需要教师在做的过程中学，边学边做，由陌生到熟悉。

除去教研手段，在教研活动中，教师有时也会陷入很被动的状态。例如，迫于任务的紧迫性而忽略了教研的严谨，或者教研的内容艰涩难懂，教师自己都无法把握。这些都会导致教师对教研缺乏思考和研究，最终的结果自然令人不甚满意。那么，怎样解决这些问题呢？一方面，幼儿园要给予教师自主研究选择权，为他们提供宽松的心理环境，教师从自己的兴趣点出发做研究，会比因"命令"而完成任务要高效得多；另一方面，教师也要对自己选择的研究做深入的分析，除了借鉴已有经验和成果，更重要的是加入自己的新观点，丰富自己的成果。

（三）专家型的专业化发展

立足于学前教育产业发展的大环境，由于主管部门评估对幼儿园教育质量的要求，以及幼儿园的生存与发展的需要，于是出现了一种倾向，即希望更多的教师成为专家型的教师。

根据Steffy等人的研究，教师的生活周期远景需要经过六个阶段：新手—学徒—专业教师—著名教师—专家—退休名誉教师。具体可解释为：刚踏进学校的教师是新手；执教的前1~2年是学徒；能够胜任教学任务的是专业教师；能够影响课堂教学政策制定的教师是著名教师；如果成为国家教学专业委员会的成员，便是专家；在教育领域作出重大贡献，退休后仍能发挥余热，是教师职业发展的最高峰，即退休名誉教师。

1. 专家型幼儿教师的特点

（1）学科知识深厚。明确学科的知识体系，即明确其来龙去脉，明了学科的概念、定理、定律的发生发展和内涵及外延，且知晓它们之间的关系；具有优化本学科知识的能力，能够用自己的语言表述学科的知识内容；知道解决问题的特殊方法。

（2）具备高效的课堂管理的专长。能维持课堂教学任务的顺利进行；能预防和迅速消除课堂不良行为，如幼儿在教师授课时乱跑动，如何在不影响正常授课的情况下及时纠正幼儿的乱跑现象；能创造良好的课堂氛围，促进教学高效的进行。

（3）具备深厚的教授专长。明确本学科的教学策略和教授方法，具备计划、监控、控制、评价、应变的能力。简单地说，就是能把本学科的内容转化为可操作的方式并传递给幼儿，并且效率是高效的，即传授与接受的效率都很高。

（4）具备诊断的能力。指能够获得关于全部幼儿或者个别幼儿的信息，包括学习要求、学习目标、学习能力、幼儿的强项与不足。

（5）具备自我反思的习惯。专家型幼儿教师能对自己的工作进行及时的反思，然后调整工作方向和方法，即在不断的自我反思和调整中开展工作。

（6）热爱自己的工作，具有钻研的精神，热爱自己的工作对象，能和幼儿很好地沟通、交流。

2. 专家型幼儿教师发展的主要途径

幼儿的成长与进步与教师息息相关。所以，不断地学习与成长，是教师职业的一个基本要求。

（1）外部支持。国外有研究表明，专家型教师成长的外部支持包括：①合作教师。将教师安排在那些经验丰富而又乐于指导合作教师的班上，使其得到支持、指导和反馈。②指导教师。在理论方面，帮助其把教学实践与各种理论知识联系起来，形成关于教学的有效图式。

（2）对教学经验的反思。反思性实践或反思性教学对教师的成长十分重要。美国心理学家波斯纳（1989）提出了一个教师成长公式：经验＋反思＝成长，如果教师满足于获得经验而不对经验进行深入思考，那么其发展必将受到极大的限制。有外国学者提出了四种反思方法：①写反思日记；②观摩与分析，与其他教师交换意见；③职业发展，进行讨论；④行动研究，教师对课堂上遇到的问题进行调查研究。专家型教师的成长，都离不开对教学经验的反思，专家型幼儿教师的成长也不例外。经验丰富的幼儿园园长会让幼儿教师写反思日记，并且进行详细的修改，交流工作心得，能很快地提高幼儿教师的教学理念。

（3）新手训练。Neely（1986）研究发现，可以通过教学策略训练新教师对备课的认知控制，具有积极的效果。[①]

3. 专家型幼儿教师成长的主要条件

（1）适应儿童时代的挑战。所谓儿童时代，是指儿童通过语言探究数

---

① 参见庞丽娟《教师与儿童发展》，北京师范大学出版社2001年版，第238页。

学概念，通过数学发现美术，再通过美术丰富语言和数学的表现力的时期。在这一时期，幼儿以学习间接经验为主，必须在教师和父母的指导和监督下进行具有一定被动性和强制性的学习，也只有在监护人的看护下，才能进行一些安全性不是很高的活动。以多媒体、网络技术为代表的教育信息技术的迅速发展，使得儿童时代的教师的作用不是降低了而是加强了。究其原因，一是教育资源对幼儿来说有很多，教育软件只是其中一种静态的资源；二是即使教育软件具有提供信息的强大能力，但也仅是一种辅助方式；三是多媒体和网络技术虽然可以为幼儿提供虚拟和互动空间，但不可能代替真实的生活和现实的指导作用。在儿童时代，幼儿学习资源极为丰富，教师不仅是学习信息的提供者，而且是信息学习的引导者、信息筛选与组织的指导者；不仅是学习的评价者，更是幼儿学习过程的设计者、学习问题的诊断者和帮助者。专家型幼儿教师主动面对这种新技术时，其效率也会随之提高，并具有良好的应对能力。

（2）具备一定的教育监控能力。教育监控能力是指教师为达到一定的教育目标，在教育过程中将自己的教育活动和行为本身作为意识的对象，不断进行计划、监察、反馈、评价、反思和调节的能力。[①] 有研究表明，当教师的自我监控能力越高时，教育教学的效率也会随之提高，这样就能促进幼儿的学习与发展。当教师具备了较高的自我监控能力，就能为幼儿的成长制定适宜的活动计划，能对自身的教育行为和幼儿的发展进行监督与反馈，并对全部教育行为进行自我反思。这也是专家型幼儿教师成长所必需的。

（3）具有较高的自我效能感。自我效能是由美国社会学习理论创始人阿尔伯特·班杜拉（Albert Bandura）提出的一个概念，指的是个体应对或处理环境事件的有效性。自我效能感指的是个体在执行某一行为操作时，对自己能够在什么水平上完成该行为活动所具有的信念、判断或主体的自我把握与感受。教师的自我效能应至少包括：①在认知和情感方面，教师对自己从事的工作价值的认识，以及对教师主体的主观判断和自我把握。②教师对自己教育能力的信念。相信自己有教育能力的教师，更可能积极有效地影响幼儿。③反映了教师在教育活动中的主动性、积极性和创造性。另外，一个重要的概念即个人教育效能感，是指教师对自己是否具备能够有效地教育、引导幼儿，给予幼儿积极的影响，从而促进幼儿良好发展的教育能力的知觉、信念或者自我把握与感受。教师的自我效能感与个人教育效能感有时是不一致的，如新教师的自我效能感比较高，但个人教

[①] 参见庞丽娟《教师与儿童发展》，北京师范大学出版社2001年版，第238页。

育效能却较低。

为了提高自我效能感，教师应坚持以下几点：①积累自己的成功教学经验；②通过观察、学习或想象那些和自己能力接近的教师的教学，获得替代性经验；③采纳他人的言语劝说和评价；④保持良好的情绪和生理状态，紧张或焦虑会降低教师的自我能效判断。总之，增强自我效能感是幼儿教师专业成长十分重要的内容。

（4）要转换教师角色。幼儿教师要成长为专家型教师，必须适应现实教学改革的新形势，转换教师的角色。包括：①从复制者到建构者。在教学中，要让幼儿积极参与教学活动，并成为教师角色的建构者。②从传授者到促进者。教师要为幼儿的学习创造一个材料丰富、气氛热烈的良好环境，激发幼儿的求知欲和好奇心，允许幼儿在探索中犯错误，让幼儿在探索中学习。③从控制者到引导者。教师的任务不在于消极地禁止，而在于如何把幼儿的各种行为和活动转化为教育资源，教师要意识到幼儿是一个完整的个体，从而引导幼儿积极参与、主动思考、善于发问。④从独白者到对话者。教师要在教学中注意师幼互动，在引导幼儿交往中做到人人参与、人人平等，并进行完整的对话；同时，幼儿与教师要一起参与到活动中去。⑤从教学者到研究者。从20世纪60年代起，教育界就呼吁"教师即研究者"。在传统教学模式中，教师大多关注是否达到了教育目标，而很少对动态的、偶然的课堂因素予以关照与反思。[1] 新的时期，要求教师参与行动研究，在教育理论与教学实践之间建立一座沟通的桥梁，最终走向幸福的研究发展之路，成为真正的专家型教师。

总之，专家型幼儿教师应该是教人者，也应该是学习者，更是自我教育者、研究者，这是专家型幼儿教师的内涵所在。[2]

第二节　教师园本培训实践

一说到培训，人们马上会想到要到师范院校或特定的教师培训机构去接受培训。这种单纯地依靠学校之外的某个机构，在特定的时间，由特定的专家群体向教师传授一些特定知识的院校培训模式已经无法满足教师发展的需要，教师的成长是不可能依靠单一的培训来完成的。研究表明，教

---

[1] 参见陈菊、熊宜勤《论对话教学的交往特征》，《广西师范大学学报（哲学社会科学版）》2007年第1期。

[2] 参见林泳海《幼儿教育心理学》，商务印书馆2006年版。

师真正的成长既非岗前培训，也非脱产培训，教师能力的显著提高是在教学实践中实现的。离开了具体的教学实践，教师是不可能很好地成长起来的，只有把研究、在职培训与教学实践融为一体，才能持续有效地促进教师的专业成长。教师培训模式必须从院校培训走向校本培训，亦可称其为幼儿园的园本培训。

所谓园本培训，就是以幼儿园为基础，以教学岗位为主课堂，由幼儿园自行组织和管理以满足教师工作需要的培训。园本培训是在对院校培训方式的批评与反思中逐渐发展起来的，是当今幼儿教师培训的主要模式。

培训是促进教师专业发展的有效途径，随着终身教育思想的兴起和教师继续教育的发展，教师培训日益凸显其重要性，培训在教师的专业化发展及新课程改革中发挥了重大作用。但传统的教师培训存在以粗放型培训为主的现象，主要解决的是理念和理论等宏观方面的问题。社会对教师素质要求的不断提高和课程改革的进一步深入，要求培训要向精细型发展，要着手解决教师在一线教学中出现的问题，把宏观的理论和微观的实践结合起来。另外，从生态学的角度看，在传统的教师培训中，培训者处于控制与主导地位，教师只是作为"被培训者"，处于消极与被动状态。教师的这一地位决定了教师只是知识的"旁观者"而非"参与者"，加之教师学习的积极性、主动性得不到发挥，缺乏应有的生活意义和生命价值，造成创造性的缺失。同时，培训内容与教师本人的教育实践处于分离状态，有时听专家讲座时"轰轰烈烈"，回到教育实践中却是"雾里看花""水中望月"，最终使教师对培训内容半信半疑。我们应该认识到，教师培训质量的提高不是靠"专家讲座—教师聆听"的单向传递活动实现的，而要靠教师通过参与、合作，以及在专家指导下的"亲征"过程来实现。

随着教育目标多元化的发展，教师培训的类型也呈现出多元化的形态，如教师培训主体的多元化、教师培训形式的多元化、教师培训组织的多元化等。

教师的成长既离不开自身的努力，也离不开各种形式的培训和交流。通过培训，可以满足教师专业发展的需要，帮助教师在改革的过程中不断更新教育观念，不断发现和解决问题，不断变革教学方式，调整自己的教学行为，实现专业水平的提升，在教学改革的实践中实现真正的成长。

一、教师培训的"塔式"转变

园本培训是把理念与教育教学实践和教师研究活动紧密结合起来，促进教师专业化成长和幼儿园发展的有效途径。近些年来，佛山市机关幼儿园扎实开展园本培训工作,以《幼儿园教育指导纲要(试行)》和《3～6岁儿童学习与发展指南》为指导,紧紧把握佛山市幼儿教师培训契机,加强了理论与实践的引领,注重了新课程背景下教师教育观念的转变和教育行为的落实,加强了"教"与"学"的研究,提升了教师的专业能力,进一步推进了幼儿园保教质量的提高。根据实施情况调查汇总,超过2/3的教师对园本培训表示很满意,认为对自己很有帮助。实践证明,园本培训使不同层面的教师走上了专业化成长的快车道,园本培训是有成效的。

(一) 单向型朝沟通型转变——培训形式的转变

加强对教师的培训是来自教育行政主管部门、学校领导、一线教师强烈的呼声和共同的要求。从各级培训机构反馈的信息和培训实践来看,目前,教师培训工作主要采取以下几种形式:

1. 专家引领,理念领先

"专家学者"既包括广东省内外的著名专家学者,也包括来自一线的有独特见解、有丰富教学实践经验的优秀教师,还有来自无声的"专家"——优秀的书籍及文章。在有声的专家引导下,辅之以无声的"专家",是很有必要的,可以避免宏观理论指导性强但缺乏实践性的缺陷。如果不能引发培训对象的深度反思,再先进的理念也不能内化为他们内在的智慧。

2. 问题驱动,经验分享

问题作为教研的灵魂,是骨干教师培训的逻辑起点。这里所指的问题主要源于三个方面:一是在培训前,主要由学科教育专家、优秀教研员和部分一线特级教师组成的培训指导教师小组,根据培训对象的性质和教育教学实际,充分发挥横向思维作用,列出部分问题;二是参训教师在报到时提供的教学问题或困惑;三是在理论培训后,参训教师要对照专家的讲座,结合自己的经验,进一步反思后提出的一些问题。将这些问题汇总后,从中筛选出有价值、能反映当前教育热点和难点、大部分教师都比较关注的问题,并以此为中心,展开讲座、对话、交流。在培训过程中,要特别强调问题的重要性。一方面,教师带着问题来参加培训,把问题看作培训的动力、起点和贯穿培训过程的主线;另一方面,通过培训来生成问题,把培训过程看作发现问题、提出问题、分析问题和解决问题的过程。骨干教师的培训过程实质上就是教学问题解决的认知过程,只有如此,才能使培训具有针对性和实效性,防止"走过场"导致"水过地皮湿"的现象。

3. 主体参与,形式多样

培训形式上,采用了集中学习与自主学习、专题报告与互动交流、实地考察与现场诊断等方式，有专题讲座、观摩示范、教学录像、考察调研、跟踪管理等，并专门设置了"互动研讨"环节，设有"与教育专家的对话""教学新课程实施情况的交流""学员论文交流"等讨论专题，以此促使参训教师相互学习、相互提高，同时，确立了"主体性参与者"的角色，使培训体现了新课程的理念。

各位教师在研讨中各抒己见，从中发现问题，互相启发，交流体会和看法，研究探索共同关注的问题，这个过程的收获是其他形式的培训所难以取得的。在交流对话中，注重了过程，注重了教师的体验、经历和感受，形成人人主动介绍经验、学习经验的良好局面。参训教师在研讨中既是组织者，又是参与者、引领者，此时，培训主持人的任务是引导、提炼、综合、总结，适宜于以听众的身份参与小组活动，而不能以"权威者""引导者"自居，淹没本来属于参训教师的声音。这种互学互促，以教促学，以学促教，促进了培训质量的提高，有利于加强新理论与教学经验之间的联系，使参训教师能批判地分析自己的"原有经验"，加快对新理念的认同与接受，提高自我效能感。

4. 反思提炼，自主研修

美国心理学家波斯纳提出了一个教师成长的公式：成长 = 经验 + 反思。没有反思的经验是狭隘的经验，如果教师仅仅满足于获得经验而不对经验进行深入反思，其教学水平的提高是有限的。即使有 20 年的教学经验，也许只是 1 年工作的 20 次重复；除非善于从经验反思中汲取教益，否则就不可能有什么改进。骨干教师的反思与研究过程就是自我学习的过程，专家、同行或学生都不断地给教师提供反馈信息，教师可以参照相关意见对自己的教育教学实践进行回顾、剖析，在自我激励的基础上进行自我评价与自我诊断，在发现问题的基础上做自我调节、自我提高。培训不是为发展画句号，而是为新的发展打基础。只有在教学实践活动中不断解决反思过程中发现的问题，教师的反思能力才能提高，教学的自我效能感才会增强，教育教学效率才能提高。反思是立足于自我之外的批判地考查自己的行为及情境的能力。有了反思，才能找到差距，才会有进一步的自我学习，而自我学习能力的高低决定着教师的成长程度。

5. 理论提升，实践检验

理论知识来自经验，需要在实践中进行检验，以形成新的经验。研修、培训的目的是应用，要通过理论联系实际，立足教学课堂，解决教育教学问题来提升自己。参训教师要结合自己的教育教学实践，用心观察，细心体会，点滴记录教育教学中遇到的问题，搜集材料，并积极地探讨如何解决问题。参训教师要通过具体的研究来提升自己的理论素养、科研水平和教学能力，形成自己的特色，使培训从培训单位迁移下放到基层，落实到实际教育教学中。

众所周知，教师工作的最大魅力在于其创造性劳动，而创造性劳动的具体表现在于教师对于各种问题、现象、知识包括公共知识的独特意义的建构。参训教师需要把学到的理论知识，结合自己的教学经验和材料，写成论文。写作有助于提高教师的分析综合能力、逻辑思维能力和表达能力，还能有效地帮助他们梳理思想，使其思想更富有理性，思维丰富且具逻辑性，才能使行为更富有目的性。教师应该对自己的主体行为进行诊断、评价，发现问题，锐意创新，从而解决问题，改进教育教学活动。可以说，教育教学实践活动是教师走向专业化的真正途径。

（二）"外向"型朝"内向"型转变

教育立场的转变是心变，教育观念的转变是脑变，教育技术的转变是手变。心不变脑就不变，脑不变手就无法变。因此，教育培训不能只强调手变，却忽视心与脑的转变。

教师培训必须遵循教师认识发展的规律——先解决心与脑的问题，这个问题解决了，也就解决了教师的自我需要的问题。教师的自我需要，也是教师改革内动力的问题，教师由"要我转变"变为"我要转变"。有了这种需要，再去解决手边的问题。当教师特别需要技术创新的时候，就会结合自己的实际，创造性地学习和应用新技术。

心变是教育立场的根本转变。从根本上说，就是由应试教育向素质教育的转变，由关注少数幼儿转变为关注全体幼儿，由关注幼儿的片面发展转变为关注幼儿的全面发展，由关注幼儿的成长成才转变为关注师生共同成长与成功，由关注教师转变为关注教为学服务。

脑变就是教育观念的转变。新的教育立场会带来新的教育观念，以人为本，以生为本，以学为本，以成长为本。

手变就是教育行为的转变，新课堂技术必须承载新的教育立场和教育观念，教师不能陷入具体的技术泥潭中，要坚持"教为学服务"的基本思想，坚持把幼儿看作教育的最大资源的基本理念，坚持依靠幼儿发展幼儿的基本方法，坚持预习展示反馈的基本流程。

1. 发生转变的原因

（1）观念的转变——自我成长意识。促进教师观念的转变，也就是使教师拥有参加培训的内在驱动力。有了内在驱动力，教师就会以极大的热情投身培训，带着自己的问题和思考进行学习，在各种培训中不断思考，不断破解问题。这样，培训工作才能事半功倍。

教育发展的关键在教师，如果教师不发展，教育也就不可能发展，这是坚持以人为本理念在教育发展中的重要体现。教师发展的基本途径有两个，一是在教育教学中不断实践历练，二是通过各种行之有效的方式接受培训，两者相互作用，缺一不可。如果教师没有真正认识到培训的重要性，培训者认为的再好的东西送给他，他也不会接受，培训自然就事倍功半。之所以有的教师培训效果特别好，就是因为他们在培训前有了充分的"热身运动"，对培训有着强烈的渴望。

（2）自身发展的需要——内在驱动力。自我能力的培养是教师发展的核心，个人成长的过程是一个不断学习和完善的过程，而教师的成长也是如此。因此，只有在对教育永无止境地不懈追求的过程中，教师才能得到发展。

一个人的成长，主要源于其内在驱动力，这可以说是一种信仰，对教育事业的理解和无限追求、对学生的积极的感情。成长必须发自内心，才能有源源不断的动力，当然，有一点外部的压力或是大环境的影响会更好。内因应起主导作用，外因起着影响作用。

（3）责任意识——重要条件。责任意识是从事一切工作的首要条件。教师工作的性质、任务，要求教师不仅要具备系统的专业知识和技能技巧，更需要强烈的责任意识。这是做好教育工作的前提和根本保证，也是教师成长的动力因素。针对每堂课，教师一定要认真备好课，包括备幼儿、备教材、备教法学法等。只有负责任的教师，才会一遍一遍地仔细研究幼儿、研究教材、研究课堂，确保每位幼儿都能有所发展；只有负责任的教师，才会不断地提升自己，只为更好地教育幼儿。

（4）美好的情感——催化剂。①职业理想。良好的教师职业理想的形成，需要一个较长的过程。在这个过程中，对教育事业的热爱、对幼儿的爱起着关键性的作用。②激情。任何事情一旦做久了，激情就会慢慢消磨，进而失去兴趣，导致教学效率大打折扣。所以，使自己一直保持对教师职业的激情非常重要，这就需要教师保持一颗不断发现和创造的童心，以及良好的心境。③快乐。都说教师是"辛勤的园丁"，每天忙碌的工作让人一天下来感觉身心疲惫。但紧张的工作不应影响教师快乐的人生。教师要多方汲取生活的营养，接受艺术的熏陶，进行性情的陶冶、品行的修炼，其结果便是课堂上信手拈来生活中的点点滴滴，化为涓涓细流，滋润幼儿的心田；教学中，随心扮演的故事里的人物，亦歌亦舞，亦幻亦真。

（5）自我规划——成长的阶梯。成长有很多路可走，但并不是每条路都适合自己。因此，如何成长，最后成长成什么样，都需要有一个科学的、清晰的规划。教师要根据自身的特点和优势，找准发展的方向，并付出努力，才能在教学上有所提高、有所成就。

总之，教师成长的关键在于自身，要有自我成长的需求和动力，并不断努力，朝着擅长的方向不断前进，就必定能取得较快较好的发展。

2. 园本培训实践

（1）以人为本，高度重视园本培训工作。如果说，教师的素质是决定一切教育工作成败的关键，那么，面对当今幼儿教师队伍的现状，园本培训及开展园本教研应是佛山市各幼儿园保教工作发展的关键所在。以人为本的内涵十分丰富，它同样包括教师在内。教师有什么样的体验，就会把这些体验传递给幼儿；要想让幼儿进步和成长，必须以教师的进步和成长为前提。只有这样，才能创造性地促进幼儿的进步和成长。为此，佛山市机关幼儿园联合各姊妹幼儿园开展了以人为本的园本培训。

第一，成立园本培训领导小组，制定培训总体规划。根据培训规划，各幼儿园领导亲自参加培训仪式，在开学初的全体教师大会上，传达关于园本培训的文件精神，让园本培训深入每个教师的思想，努力营造氛围，使园本培训化为每个教师的实际行动。近几年来，佛山市机关幼儿园联合各姊妹幼儿园成立了名园长工作室、幼儿园共同体、名师工作室等，并分别确定了主要责任人和领导小组成员，明确职责，将任务落实到位。立足园本发展，根据实际情况对教师实施多元化的园本培训，并把园本培训列为年度计划及幼儿园工作的重要组成部分。各幼儿园制定符合本园实际情况的园本培训计划、内容及目标要求，并根据教师的需求，将园本培训定位为进行有关教师技能技巧的掌握与教学，提高教师课堂驾驭能力，以及撰写案例、反思、论文的方法和技巧，等等，目的是让教师成长于学习之中，发展于工作之中。

第二，保证园本培训经费，创设育人环境。一是逐步增加教育投入。即变革幼儿园的硬环境，改善幼儿园的物质条件与外部环境，配置一些现代化的设备。有了良好的设施设备，才能把园本培训落到实处，使教师和幼儿在优美的大环境中，心情愉悦、富有创造性地工作、学习、生活。二是保证教师培训经费。即保证每位教师有参加教研活动的机会，及时发放教师外出听课、听讲座及委派骨干教师参加培训学习等活动的经费补贴。

（2）建立健全各项制度，确保培训落实到位。为确保园本培训落到实处，幼儿园制定了一系列园本培训制度，如学习管理制度、考核制度、奖惩制度等。同时，还制定了园本培训工作的阶段计划和长远规划，列出培训的内容和安排，教师再依据总的计划制定出适合自己的小计划。这样既指导了教师的学习，又明确了学习的内容，让他们知道了学什么、什么时间学，统一了步骤，保证了学习的系统性和针对性，督促教师自觉完成学习任务。有一部分幼儿园还强化了考核机制，把教师的培训情况作为年度考核、评优的重要条件。

(3) 组织实施多元化的园本培训方式，促进教师专业素质的提高。

第一，重视幼儿教师的职业道德教育，培育教师的无私奉献精神。师德是一切教育教学活动开展的灵魂与前提。师德培训是开展园本培训的一个重要抓手。近年来，园本培训始终坚持以师德建设为中心，以提高教师综合素质为目标，以现代化教育观念为指导，以《幼儿园教育指导纲要（试行）》与《3～6岁儿童学习与发展指南》精神为主线，以师德学习为出发点，开展生动的师德教育活动，加强师德建设，力争形成爱幼敬业、乐于奉献、团结协作、教书育人的职业道德。认真组织教师学习教育教学法规，经常组织教师进行思想汇报、交流和座谈会，净化教师的思想，规范其言行，坚决杜绝做有损师德的事。同时，提高教师的安全意识，培养其高度的责任感，使教师真正做到为人师表、身正为范，用实际行动赢得社会的赞誉、家长的尊敬和信赖。

第二，专家引领，提高教师岗位培训的实效。教师聆听专家讲座并作记录，学习对照自己的教学实践加以运用。集中培训后，每位教师根据主题开展实践活动，并展开交流讨论。

(4) 加强师资队伍建设，提高教师专业化发展能力。教师的专业素质关乎一所幼儿园的内涵发展，然而，专业素质的提高并非一朝一夕之功，需要一个循序渐进的过程。所以，佛山市机关幼儿园根据本园教师的实际，采取了一些策略：

第一，每位教师根据自己的实际情况制定《三年发展规划》。在这个过程中，教师明白了自己是幼儿园这个大家庭的一员，幼儿园的发展离不开他们每一个人；同时，幼儿园的发展也能促进他们的专业发展。

第二，为教师铺设专业成长的通道。首先，在园内开展传帮带教活动，利用园内骨干教师资源进行配班带教活动，是佛山市机关幼儿园园本培训近年来的新举措。为了避免各班师资优势上的失衡，采取新老教师、能力强弱教师配班带教的方法，让双方搭档、结对。在这个过程中，每位新教师都有了很大的提高，老教师也获得了一些新的思路，双方共同成长。

其次，开展分层次、多渠道的园内培训。在教师的专业发展上，尽量给每个教师提供发展的空间，使其明确自己发展的方向，实现个人发展的目标。例如，鼓励青年教师开展自学和自培，在用新课程理念不断充实自己的基础上，组织骨干教师对他们进行课堂教学实践的指导，提高他们设计组织活动的能力；对于骨干教师，除了优质完成园本培训中的任务以外，优先选送他们参加省、市等各级培训，促进其专业水平的提高；此外，鼓励骨干教师参加更高层次的培训、争取专家的引领，要求他们积极发挥辐射引领作用，同时带动全园教师专业化水平的整体提高。

再次，加强互动学习，提高教师的专业理论水平。理论是实践的基础，实践也需要理论来指导，每次教研活动便是教师专业理论水平提升的有效平台。每学期初，教研组组长便组织组内成员讨论、汇总教师在教育教学实践中存在的问题，确定本学期的研究主题；再根据教师及班级实际将每项内容落实至教师，由教师分派组内成员收集资料，确立专题研讨的形式与过程。活动中，每位教师结合自己的教育实践各抒己见，畅谈自己的所思、所想、所为，并通过各种渠道积极查找资料、积累经验、反思自己的观念与行为。在此过程中，教师的教育理念与教学行为之间的距离渐渐缩短了，理论与实践能力得到了同步提高。这种活动形式避免了空洞枯燥的纯理论学习，使教师直面教学实际，能很好地解决实际问题，既提高了教师的理论水平，又锻炼了教师组织活动的能力。

复次，加强专业引领，提高教师实施课程的能力。组织班级常规评比，有效改进教师日常常规管理工作。俗话说："不以规矩，不成方圆。"良好的行为习惯对幼儿一生的发展起着至关重要的作用，因此我们非常重视幼儿的常规教育管理，着力于培养幼儿良好的行为习惯，把这项举措列为园本培训的一个重要项目，并作为教师考核的依据。通过班级常规评比，让教师学习好的班级管理经验，同时折射出自己在班级管理方面的共性问题，以便通过集体共同查找问题，来促进共同反思、共同改进。

最后，结合教师才艺大赛和广东省幼儿教师说课大赛，开展教师综合素质大比拼（美术、书法、舞蹈、钢琴等），让教师发挥自己的特长。通过这些活动，使教师的综合素质有所提高。除此之外，我们还注重教师隐性技能技巧的培养，如语言交往能力、教育教研能力相关的随机教育能力、师幼互动策略等，使其成为"反思—开拓"型的教师。同时，树立典型，使他们在教师队伍中发挥榜样、示范作用，带动队伍的整体发展。

第三，认识到备课是专业成长的主要途径。我们通过学习和讨论，使教师体验到备课是教师的基本功，备好课是教学成功的首要环节，如采用集体研磨一个课例的方式，强化教师的体验和认识。为了提高教师教学的有效性，还推出"小组磨课"专题，即以教研组为单位，教师进行同课异构，然后根据教案取长补短，进行修改，改进教学的组织形式与教学的策略方法。例如，在青年教师"同课异构"的园本教研活动中，听课的教师人人讲评，上课的教师认真写教学思想反思，在自评互评活动中，使教师有了新的认识，从而也给予同事更多的理解与支持。

第四，把听课评课作为提高教师水平的一个重点。以教研组为单位，每人准备一个活动，通过观摩评议，针对不足的地方找出好的思路和方法，对症下药，修改完善后再实践。每次活动，推行人人必讲，说出自己的观点和看法，使每个教师都得到不同程度的提高。我们组织了多次主题交流会，如彼此传阅备课本、听课记录本，交流外出学习的心得体会及反思，等等，通过直接的经验交流，不断提高教师的工作水平和能力，促使教师做到用爱心去塑造幼儿、用真情去感化幼儿、用榜样去激励幼儿、用人格去熏陶幼儿，将敬业奉献落到实处，达到师幼在平等、民主、自主和谐的氛围中同成长、共发展。

（5）培训成效。园本培训不仅推动了幼儿园教育教学工作，也对整个管理工作起着举足轻重的作用，不仅要在制度上、资金上、专业上给予教师支持，更要以情感支持为载体，激发教师自觉参与的愿望，以唤起教师对职业的热爱和对专业成长的追求。通过园本培训，教师的思路清晰了，目标更为明确，科研能力提高了，整体教师队伍的素养也提升了。大家在教学中共同探讨，真正实现了资源共享、和谐共进。

现在，我们的教学科研水平在原有的基础上有了提升，每一位老师都尝试了课题的研究，他们的园本教研水平也得到了很大的提高。

实践证明：多元化的园本培训是幼儿园的立园之本、兴园之策、发展之源，唯有幼儿园教师专业化素质提高了，才能把握幼儿教育形势的脉搏，深化幼儿教育改革，促进幼儿的全面发展。也唯有这样，幼儿教师才能成为合格的新一代的灵魂塑造者，才能托起明天更美好的太阳。我们今后还要继续努力探索，大胆改革创新，使幼儿园的园本培训工作更完善、更科学、更有实效。

"路漫漫其修远兮，吾将上下而求索"，园本培训的路还很漫长，我们仍将组织教师不断学习，取长补短，使我们的保教质量更上一层楼。

二、教师培训中的"三个引领"

为贯彻落实《国家中长期教育改革和发展规划纲要（2010—2020年）》《国务院关于当前学前教育发展的若干意见》《广东省中长期教育改革和发展规划纲要（2010—2020）》和国家、广东省学前教育工作电视电话会议精神，推进佛山市学前教育科学发展，满足广大人民群众对优质学前教育的需求，根据佛山市人民政府办公室《印发关于进一步加快学前教育发展实施意见的通知》精神，2011年和2014年分别印发了两期《佛山市学前教育发展三年行动计划（2011—2013）》（以下简称《三年行动计划》）。《三年行动计划》从发展现状、指导思想、目标任务、具体措施等方面进行了分析,提出了思路,制定了具体可操作的目标与措施,为佛山市学前教育的新发展奠定了坚实的基础。随着"三名"工程(名学校、名校长、名教师)的有效推进,以及学前教育发展共同体工作的持续开展,佛山市学前教育正在焕发勃勃生机与活力。

在加速推进广东省教育现代化的大背景下,2006年,佛山市获批成为广东省第一个教育现代化试点市,禅城区作为佛山市的中心城区,成为首批创建教育现代化试点区之一,进行了办学体制、投入机制、教育人事制度、教师资格制度、教职员工聘任制、校长职级制、"三名"工程、素质教育评价及基础教育课程等一系列改革,形成了具有禅城特色的"以区为主"的办学管理体制,在岭南文化地方课程、德育教育、科技创新等方面形成了教育现代化的区域特色。①

佛山市禅城区政府出台了《印发关于佛山市禅城区"名学校、名校长、名教师"工程建设的实施改革方案的通知》,这是佛山市禅城区教育改革与发展中的一件大事。自建区以来,区委、区政府始终把教育摆在优先发展的战略地位,投入大量资金,改善学校办学条件,提高教师待遇,扩大优质学位;始终高度重视学校发展、校长队伍建设和教师队伍建设,多次明确提出要打造一批名学校,培养一批名校长、名教师,示范一方,影响一片,凝聚了推动"三名"工程建设的智慧与气魄,也明确了"三名"工程不以"评选"为目的,而是强调评选前的培养和评选后的管理及任务驱动。通过长期培养,佛山市禅城区涌现出了一批教学骨干、学科带头人、优秀德育工作者和优秀管理工作者,进而遴选出一批名教师和名校长,形成优秀的教育工作者梯队群体,成为地区教育可持续发展的人力资源;打造一批名学校,则是为了带动区域基础教育的整体水平的提升。

(一) 名园长工作室引领

佛山市机关幼儿园作为佛山市首间示范性幼儿园、禅城区首批"名园",聂莲园长被授予禅城区首批"名园长"称号,同时又是广东省学前教育专业委员会副理事长、教师培训部部长和佛山市学前教育学会理事长,承担着广东省内幼儿教师的培训责任与义务。聂莲园长具有先进的教育和管理理念,精通业务,科学管理,勇于改革创新,办学成效显著。在名园长的带动下,佛山市机关幼儿园凝聚了"自然·爱·悦·梦想"的办园理念,积极实施"科研兴园"战略,以科研成果推动教育教学改革,重视师资队伍建设。

---

① 参见禅城区教育局《禅城下月5日迎评省教育现代化先进区》,http://epaper.southcn.com/nfdaily/html/2009-04/29/content_6745976.htm,2009年4月29日访问。

为了实现引领和带动，佛山市机关幼儿园积极主动承办"现代幼儿园规划设计与环境创设新视野、新趋势、新技术高峰论坛"和广东幼教青年教师说课大赛，鼓励幼儿教师积极参加，促进了教师的专业化成长。

聂园长多次立足师资培训和幼儿园管理等方面，带给大家精彩的专题讲座，与专家、园长、教师、家长探讨教育经验和管理策略。她先后被聘为广东省教育厅省一级幼儿园评估专家、华南师范大学教育科学学院广东省幼儿园园长培训基地和广东省幼儿教师培训省级基地的特聘教师、佛山科学技术学院教育科学学院高级讲师，站在全省的层面上，与幼儿教育同行有了更多的交流机会。此外，以"立足园本教研，促教师专业化成长"为培训专题，她受邀到佛山市园长培训班给170名参训教师上了一节精彩的课，共同谈论了对园本教研与教师专业化成长的看法，取得了良好的学习效果；以"让幼儿园成为儿童的乐园——户外规划与五大领域的结合"为题，介绍了幼儿园环境的含义、意义，分享了佛山市机关幼儿园户外环境设计的新做法；成为"幼儿园规范、优质办园并可持续发展研讨活动"的主讲嘉宾之一，与各幼儿园园长、教师分享了"以园本教研引领教师专业化成长"的专题讲座；积极与家长互动交流，向社会传播正确的教育理念，参加了关爱成长系列家庭教育论坛，与专家、300多名家长就"爱孩子，你爱对了吗？"探讨了家庭教育的正确方法；还参与了多期佛山"教育公益大讲堂"节目的录制，与社会大众探讨"经师与人师"和"去小学化"等热点问题，站在幼儿教育专业工作者的角度，引领家长和教师树立正确的教育观念。

2015年，广东省聂莲园长工作室挂牌成立，为名园长的专业引领搭建了更加广阔的舞台。工作室围绕省教育厅的要求，制定了《聂莲园长工作室三年发展规划》，明确了指导思想：为进一步创新园长培养方式，提高幼儿园园长的整体素质，加速培养一批具有教育家素质的园长队伍，工作室旨在以先进的教育理念和现代教育管理学为指导，以培养专业型园长和优秀管理者为目标，以专业引领为抓手，通过理论探讨与实践研究，实现"专业引领、实践探索、共同发展"，引导园长把好幼儿园发展的"舵"，打造内涵品质管理，促进幼儿教育科学发展、优质发展、特色发展、均衡发展，使工作室成为园长展示的舞台、骨干培养的基地、教育教学示范的窗口和科研兴教的引擎，全面实现园长工作室示范引领、辐射、带动的作用。确立了"合作·创新·共进"的工作室理念，设定工作室的总体目标为：提升内涵，共同成长，在创新发展中携手同行。具体目标为：①通过园长工作室活动的开展，帮助成员提升专业素养和专业能力，不断提高成员的学习反思能力、组织领导能力和管理能力。②组织成员走近主持人，学习主持人的专业精神;指导成员系统学习教育教学前沿理论,帮助架构园长的知识体系。③组织成员走进主持人所在的名幼儿园,与主持人面对面地交流,学习其先进的办学理念和创新精神。④组织走进工作室各成员所在幼儿园的"现场",立足实践,开展"现场诊断"和教育教学交流活动,帮助成员解决在实践中碰到的问题,从而提升其管理能力。⑤通过课题研究,充分发挥工作室主持人在园长专业成长和教育科研中的示范引领作用,提升成员的教育科研水平。

园长工作室制定了四个阶段的工作思路,从基础建设入手,加强导师引领与培训,通过园长工作室的制度完善、现场诊断与指导、开展课题研修、专题调研与研讨、成果交流与考评等活动的开展,着力提高园长们的理论素养、研究和解决问题的能力,培养和造就一批具有坚定的理想信念、正确的办学思想、先进的教育理念、扎实的教育管理专业知识、较强的教育管理能力和改革创新实践能力的优秀幼儿园园长队伍,使工作室成员成长为理解教育、把握规律、办学理念先进、创新意识强、办学风格鲜明的优秀幼儿园园长。通过园长工作室各项活动的有序、高质量的开展,帮助每位成员形成自己的教育风格和办园理念,并在将来的工作中发挥示范引领作用,带动并促进本地区幼儿教育工作的不断发展。

园长工作室运作两年多以来,严格执行发展规划,开展一系列行之有效的活动。在纵向上,以"幼儿园一日活动中师幼互动的研究——基于CLASS师幼互动质量评估系统的分析"为研究专题,举办一系列的工作室园长跟岗和研究培训,并在工作室成员回到各自幼儿园后开展研究实践,对选定的课程内容和师幼互动情况进行学期初和学期末两次录像,运用CLASS评价系统对被录像的内容进行师幼互动情况分析及互动质量评估。并与工作室指导专家一起,对存在实践问题的工作室成员所在的幼儿园进行现场诊断和指导,及时调整研究方向,改进研究过程。在横向上,进行与周边工作室的交流与联系,博采众长,共同发展。如与肇庆地区、顺德地区的名园长工作室加强联系,举办专家讲座、一日活动观摩、跟岗学习、专题研讨、经验交流等活动。这些活动不仅提升了园长工作室成员的组织、管理、协调能力,也提高了其反思水平和专业研究能力。

(二)学前教育发展共同体引领

佛山市机关幼儿园地处佛山中心城区禅城区,2008年被授予佛山市禅城区首批名学校,作为区域学前教育的"领头羊",时刻与佛山市学前教育的发展同呼吸、共命运。佛山市禅城区学前教育发展共同体开拓创新,充分挖掘各幼儿园的潜力,本着"互助共享,合作共赢"的原则,积极推动共同体的建设工作,在教育资源共享、幼儿园文化共建、教育教学帮扶等方面取得了显著的成效。

1. 加强指导，促进各园办学规范化

在佛山市、禅城区教育局的指导下，学前教育发展共同体结合重点工作，制定行之有效的学期工作计划，加强指导工作的开展，以落实工作目标。佛山市机关幼儿园作为学前教育发展共同体的领衔园，定期组织教师深入共同体各幼儿园，全面指导各园的办学行为和内涵建设。在近几年中，共同体各幼儿园不断进步，取得了显著的办学成绩。每一次开展指导工作后，我们都能认真总结和反思，定期上传指导工作的通讯稿，对各幼儿园的办园办学工作起到了一定的促进作用。

2. 有计划地开展教学研讨活动，建构有效教学活动

在促进共同体各幼儿园提升教育教学质量的工作中，佛山市机关幼儿园作为省一级幼儿园和示范性幼儿园，大力支持禅城区的各类教研活动，取得显著成效。例如，接待区域教学展示活动，开放全园班级，接待了禅城区300多名幼儿教学同行参观交流，共同体成员也参与其中。各班级尽显特色、丰富多彩的区域活动吸引了各位教师，他们都对佛山市机关幼儿园的科学性、合理性、价值性、可操作性相统一的区域环境作出了高度评价。聂莲园长还以"有效投放区域材料，支持幼儿自主游戏"为专题，与教师们分享了区域材料投放的重要性及其原则等，精彩的讲座让教师们受益匪浅。另外，在禅城区教育局学前教育指导中心的组织下，以聂莲园长为组长的视导组对14所幼儿园进行了为期三天的区域教学活动视导工作，促进了各幼儿园对区域教学活动的反思、改革与探索。

作为示范园，佛山市机关幼儿园组织了一系列教研观摩活动，一直坚持通过指导和帮扶帮助共同体各幼儿园提升办学质量，将优秀的教学活动面向共同体各幼儿园开放观摩。为加强与姊妹园之间的教学交流，佛山市机关幼儿园邀请共同体各幼儿园园长及其教师团队参与佛山市机关幼儿园开展的园本教研观摩活动，开放了佛山市机关幼儿园教师自制学具的展览，以教育教学活动为系带，与共同体各幼儿园在教学研讨中共同成长。佛山市机关幼儿园还举办了禅城区幼儿体育教师培训活动，给全区幼儿教师带来了一场体育教学研讨的盛宴。在体育教学活动观摩环节，佛山市机关幼儿园青年教师的体育教学活动"小小侦察兵"，教学内容丰富，教学形式创新，充分展示了教学风采。教师们也从深圳大学陆克俭教授的讲座中受益匪浅，提升了对体育教学模式的认识。

3. 科研领航，带动各幼儿园开展课题研究

以课题为抓手，佛山市机关幼儿园组织共同体各幼儿园教师来园进行观摩学习，推进了教学改革，促进了共同体各幼儿园对科研工作的重视。

为营造良好的学前教育研究氛围，提升教师的教学科研水平，推动课题的有效开展。2013年9月，佛山市机关幼儿园积极参与由广东省教育研究教学教材研究室庄弼老师牵头负责的全国社会科学基金"十二五"规划教育学一般课题"构建广东省幼儿体育活动实践体系的研究"项目，承担其子课题"有效提高幼儿园体育活动组织的实践研究"，并成功进行了开题论证会，还邀请共同体各幼儿园进行观摩学习，充分发挥广东省一级园、佛山市示范园的引领和带动作用。2014年4月，佛山市教育局组织的广东省教育科学"十二五"规划课题"强师工程"项目开题论证会在佛山市机关幼儿园隆重举行，佛山市机关幼儿园课题"构建愉快园本课程促进幼儿和谐发展"成功开题。相信在课题的引领下，共同体各幼儿园将认真思考、反思、总结，提炼自身研究的课题，提升各幼儿园的科研水平。

4. 开展培训，加强青年教师专业培养

为进一步推进共同体各幼儿园青年教师的能力建设，打造一支富有创新精神和教育智慧的青年教师队伍，学前教育发展共同体组织各幼儿园青年教师齐聚佛山市机关幼儿园礼堂，聆听专家关于说课技能技巧的专题指导讲座。精彩的讲座为提高教师的说课水平提出了许多有益的建议，总结的"三四三"说课技巧（"三个研读"定高度、"四个原则"保层次、"三个细节"求出彩）让人印象深刻，运用翔实的案例作分析，进一步加深了教师对说课的理解。

在培训的基础上，共同体各幼儿园组织教师参加了说课选拔赛，并推选出优秀选手参与广东省幼儿教师说课大赛。虽然只是短短10分钟的比赛环节，但通过备赛、参赛和现场的锻炼，有效地提高了共同体各幼儿园教师对教育理论的理解，以及对各领域幼儿发展目标的认识；通过对教学内容的设计与表达，突出展现教师的教学思路和个人风格，展示其过硬的教学技能和充满魅力的教师风采。经过连续三届在佛山举办的广东省幼儿教师说课大赛的洗礼，禅城区学前教育发展共同体涌现出了一批优秀的幼儿教师，有效提升了区域学前教育的综合水平。

通过实践，我们清醒地认识到：塑造优质学前教育质量的关键在于教师的专业化水平。因此，提高教师的活动组织能力、设计课程的水平就显得尤为重要，必须在以后的工作中拓宽优质课、展示课的受众面，组织开展优质课巡展活动，让更多的老师从中受益。我们相信，共同体活动在禅城区教育局领导的关心和支持下，在共同体各幼儿园的齐心协力下，在幼儿教师的勤奋努力下，加强共同体各幼儿园的有效合作，加强过程管理，创新合作方式，切实提高合作效果，学前教育发展共同体必将迎来美好、灿烂的明天。

(三) 名师工作室引领

在教育教学改革大潮的推动下，时代呼唤名师。何谓名师？名师需要具有现代教育理念、系统的教学理论基础知识和扎实的专业技能，准确把握所教学科的教学原则、教学内容和教学方法，能够熟练运用现代教学手段，教学面向全体，因材施教，在教学上有一定的创新能力，有自己的教学风格和特色。名师需要具有较高的教学水平和教学艺术，有丰富的教学经验，业绩突出，具有较强的教研和科研能力，具有团队协作精神，善于指导、帮助新教师熟悉业务和掌握优秀的教学经验与方法，具有积极的学习能力与态度，等等。

"强师工程"是为了贯彻《广东省人民政府关于全面实施"强师工程"建设高素质专业化教师队伍的意见》以及佛山市委市政府《关于佛山市进一步加强人才队伍建设的意见》等文件精神，进一步增强佛山教育核心竞争力，推动教育现代化建设，为佛山教育事业的发展提供坚实的教育人才保障而提出的重要举措。"强师工程"着力建设三支队伍，即优秀教育管理的"名校长"队伍、优秀教学的"名教师"队伍、优秀德育工作的"名班主任"队伍，旨在培养一批在全省乃至全国享有盛誉的名师，推动卓越教师、教育专家乃至"人民教育家"的成长；以建立健全的业绩评价为主导的激励机制，更好地调动广大教师的积极性、主动性和创造性，走人才兴教、人才强教之路，精心打造在全省乃至全国具有影响力的佛山教育品牌。

佛山市机关幼儿园潘渝老师于 2010 年当选佛山市禅城区首位名教师。名师的成长更多地体现在个人的发展方面。2014 年挂牌成立禅城区名师工作室之后，来自禅城区多间幼儿园一线教师加入工作室，大家共同制定工作室的工作计划，完善工作室的管理制度，开展教研课题研究，参与讲座交流，有效地发挥了辐射一片、带动一方的示范作用。以下梳理了潘渝名师工作室的工作计划，希望能对大家有所帮助。

1. 名师工作室指导思想

面向教育教学第一线的教师，为教师的专业成长提供机会、搭建舞台，面向教学，与教学实际相结合，从教学中发现问题，并加以研究用于指导教学；从教学中总结经验得失，形成方法理念。牢固树立教师专业理想，刻苦钻研教育教学技术，根据自身的教学特长和个性特点，寻求独立发展的方向，逐渐形成自己的教学特色和风格，努力带出一支高水平的教师团队，为禅城区优秀教师的专业成长提供宝贵经验，真正成为禅城学前教育的"先锋队"。

2. 名师工作室工作原则

（1）坚持在禅城区教育局名师工作室的领导下，在教师发展室的具体指导下，坚持任务驱动工作要求，严格按照计划开展各项活动。

（2）坚持以教师专业发展为本，把培养和引领教师的专业发展作为工作的出发点和落脚点，充分尊重工作室成员的个性和特长，实现成员间的差异化发展，促进教师的全面发展。

（3）坚持在教学实践中求发展，转变教学方式，提高教学质量，实现师幼共同发展；坚持以课题为引领的教学研究，探索教育教学的改革方向，适应社会发展要求，探索课堂教学的改革和创新，进一步加强教学交流研讨活动，提高教师的教育教学驾驭能力。

（4）坚持考核评估，加强工作室日常活动的制度建设管理，增强工作室工作的服务意识，建立健全充满活力、富有效率、更加开放的工作室工作机制，使工作室的活动规范化、制度化、科学化。

3. 名师工作室的目标

（1）建构一支师德高尚、理念先进、素质精良、具有团队精神的创新型、示范型、研究型的教师队伍。

（2）健全与教师个性特长相匹配的自主发展机制，形成一批在禅城区有一定影响的教学骨干与特色教师。

4. 名师工作室实施措施

（1）根据名师工作室规划，制定教师个人两年成长规划，定期进行自评，并对规划进行调整。

（2）落实工作室方案，立足园本培训，从专业理论、专业技能、教学实践能力三个方面入手，通过读书活动、师徒结对、领域研讨活动、开展评比等措施来提升教师专业素质，促进其快速成长。

（3）通过政治学习、师德演讲、专题讨论等传递工作室的精神文化、教育教学特色成果，提升师德修养和专业精神，增强工作室成员的责任感和使命感。

（4）规范日常管理，工作室每两月举行一次工作例会，作阶段总结并布置下阶段工作；每次活动有主题、有准备，讲究活动的实效性；经常开展网络研讨活动，扩大参与面，有针对性地进行交流，力求高效。

（5）经常开展优质送教活动、教学研讨活动等，充分发挥工作室的示范引领作用。工作室每学期至少举办一次片内的示范展示课，学员每学年至少参加一次园级示范展示课或教学评比。

（6）工作室成员人人参与实践研究，及时形成研究报告和实践思考。

（7）工作室成员实行"滚雪球式"发展，不断吸纳优秀教师，不断壮大工作队伍，不断增强工作活力；加强与其他工作室、研究团体的交流与互动，实现资源共享、思想碰撞、共同提高。

（8）培养和选拔年轻有为的骨干教师，通过骨干教师带教新教师和青年教师、公开教学展示活动、课题研究、主持教研、外出培训和进修等，有意识地给骨干教师压担子，培养和挖掘名优教师。

（9）建立健全的工作室管理制度，收集整理好档案资料。

5. 名师工作室师资培养规划

（1）培养1～2名区骨干教师或优秀教师，3～5名区教学能手。

（2）带动工作室成员、学员完成课题研究并形成一定成果，在禅城区具有一定推广价值。

名师工作室要力争成为佛山市禅城区学前教育教师专业发展的标志性旗帜，成为教师培训和教育科研延伸与补充的重要合作体，打造成为引领全体教师专业成长的重要平台。我们是这样想的，也努力地在工作中沿着目标向前推进。佛山市机关幼儿园成为中国学前教育研究会"十二五"课题"基于图画书类型分析的早期阅读指导研究"的课题核心园，工作室主持人潘渝老师发挥自身在幼儿教育语言领域的特长，将课题研究工作与名师工作室的科研工作相结合，为工作室申报了佛山市禅城区"十二五"规划小课题"故事类图画书读本分析及早期阅读指导研究"，还聘请了课题指导专家作为工作室课题导师，借助专家资源，借力科研的交流平台，带动工作室的教育科研不断迈上新台阶。在相处的两年时间里，工作室成员亲如一家，彼此帮扶，共同前进，既提升了个人专业素质，也收获了珍贵的友谊。以下摘录几位工作室成员、学员的感言。

> 在潘老师的鼓励下，我非常荣幸地成为"爱阅"工作室的一员，时间虽不长，收获却颇丰。工作室为我提供了一个宝贵的学习机会，也为我们几位成员搭建了一个良好的信息交流平台。潘渝老师是工作室主持人，她既是我的良师也是我的益友。她作为禅城区"名师"是实至名归的，她具有优秀的人品和教学风格，她非常无私地帮助年轻教师，她的指导让我们获益匪浅。早期阅读成为工作室研究的切入点，凝聚了我们几个志同道合的成员，为我们提供了学习的契机，在研究的过程中不仅得到名师指引，也获得同伴的协作，研究热情相互感染，这是一个非常快乐的团队！希望工作室的同伴们一起奔跑、一起加油，在名师工作室这片沃土中迅速地成长。
>
> 工作室成员吴老师

忆起两年多前，我刚来佛山市机关幼儿园工作，立刻感受到了园里浓厚的教育教学研究氛围。能够加入语言教研组的工作，并成为名师工作室的一员，我感到非常荣幸。这一趟旅程确实不容易，我获得了很多培训的机会，经常去各大幼儿园参观和聆听名师讲座让我大开眼界。此外，我还获得了上实验课的机会，工作室主持人潘老师给了我很大的帮助。这两年多来，我拿不准的时候，就会请她来为我做参考，给我建议，给予我莫大的支持，我受益颇多，也深受感动。随着课题研究的发展，我也跟着从小小的学员慢慢走上了科研引领、创新教学的正轨。

工作室学员何老师

很荣幸，加入了潘渝名师工作室。在这个温暖的大家庭里，我度过了一段充实而又愉快的时光。潘渝老师是一位工作很用心的人，她对工作有着孜孜不断的追求，同样，工作室的每一位成员也用心地完成每一项工作。教学研讨、课例分析、课题研发、资料收集等，每一项工作大家都会细致地完成。工作室微信工作群成为大家沟通交流以及分享学习、研究成果的平台，大大提高了信息沟通的成效。工作室研究的重点是幼儿图画书，大家根据幼儿不同的年龄段以及选材，进行绘本分析、教学设计等，并把自己的活动过程、感悟等制作成PPT进行分享。在加入工作室后，我对图画书的研究更加深入，对绘本教学方式的了解也更加透彻，同时在语言表达方面也有了很大的进步。工作室对每一位成员的成长都有很大的意义。在工作室的日常研讨活动中，我遇到了很多优秀的老师，也学习了许多先进的教育理念，感受到了许多独特的教育方法，取得了相当可喜的进步。潘渝名师工作室是一个充满了力量、具有深刻内涵的学习平台。

工作室成员黄老师

名师工作室秉持"山不在高，水不在深，园不在丽，因明师兴"的理念，以课题研究为抓手，以促进工作室成员、学员的专业成长与发展为目标，有步骤地推进个人在专业方面的发展。工作室有效地发挥团队力量，落实在建设中发展、在发展中进步的目标，凝聚能量，以点带面地发挥了名师工作室的辐射、示范、引领作用，得到了上级主管部门的肯定和同行的赞誉。

第三节 幼儿教师专业成长案例

一、花香正浓——专业的领路人

她被誉为当地幼儿教育的一面旗帜，同行们都亲切地称她为"大姐"，这不仅是因为她是一所在当地有一定声望的幼儿园——佛山市机关幼儿园的园长，还在于她为人谦逊平和，时时处处为当地幼儿教育发展尽心尽力。这就是聂莲园长，一位在南粤大地声名远播，对当地幼儿教育产生巨大影响的幼儿教育改革的引导者和实践者。从一名普通人的角度来说，聂园长的经历波澜不惊。生于那个热火朝天、干劲十足的年代，中学毕业后进入某师范院校，毕业后在内地城市里的一所幼儿园工作了十几年。因机缘巧合，20世纪90年代初，她以一名教师的身份调进佛山市机关幼儿园。踏实肯干的她没多久就崭露头角，显示出良好的业务能力与个人素质，并逐渐走上幼儿园的管理岗位。在34年的幼儿教育事业追求中，聂园长倾注了自己的青春和一辈子的心血，丰富的人生阅历让她的意志更加坚定，有能力和威望带领幼儿园在改革中乘风破浪，一直走在本地区同行的前列。

接触过聂园长的人都想不到在省内有着明星光环的她竟然这么平易近人，性情爽朗而又多才多艺。她学书法、学古琴，兴趣爱好广泛；外出参观时，看到场地内摆着一架钢琴，她会在征得主人允许后，即兴弹上一曲。工作认真的聂园长还是个生活中的有心人，她喜爱逛街感受时尚，喜欢欣赏音乐会和话剧，常常带着教师在工作之余欣赏音乐会，享受艺术的熏陶。在日常生活中，她不知不觉地把看到的、感受到的优美的事物与幼儿园的环境创设相结合，使佛山市机关幼儿园的每一处都独具匠心，在育人环境上充分体现出"天人合一"的自然理念。热爱生活不仅让她具有亲和力，也使她成为一位"接地气"的引领者，为幼儿教育事业的发展带来了新动力，也深刻地影响着身边的同事和同行。

"让每一位孩子在期待和信任中舒张生命，释放心灵；让每一位孩子在快乐的儿童世界中展现灵动的智慧，演绎生命的精彩，奠基璀璨的未来！"这是聂园长不懈追求的职业梦想。她对幼儿教育行业始终拥有一颗炽热的心，深深地热爱着这份充满爱与灵动的事业。在不断探索钻研、不断追求梦想，形成正确的教育理念和教育价值观的过程中，极具人格魅力的她让佛山市机关幼儿园的发展不断攀上新高峰。（图5-4）

图 5-4 聂莲园长与幼儿的合影

在带领着佛山市机关幼儿园不断前进的同时,聂园长对自身专业成长的追求也毫不懈怠。经过勤奋学习,先后完成了本科、研究生的学历课程,2009 年到英国交流学习先进的幼儿教育思想,这些经历,让聂园长在教育工作和管理工作上有了更加开阔的视野。在教学、科研方面,聂园长极富远见卓识,自"九五"时期就明确提出"科研兴教、科研促教"的办园方针,致力于教育科研工作基础的建设和科研队伍的建设,为科研出点子、提建议、创机会。经过科研团队的一致努力,佛山市机关幼儿园成功申报一个国家级、两个省级"十一五"规划课题和一个佛山市科技发展专项资金项目。聂园长带领全园教师,在学术研究的新领域取得不俗的成绩,在国内专业杂志上发表了多篇研究论文,教学、科研成果受到了专家和同行的好评,使佛山市机关幼儿园围绕园本课程建设的课题研究取得了长足的进展,幼儿园的发展获得了良好的成效和社会声誉。

在幼儿园管理和队伍建设中,聂园长表现出深谋远虑的眼光和敢闯敢拼的气魄;在幼儿园管理实践中耕耘 20 载的她,善于为每个老师提供发展的空间、成长的机会;工作中积极减轻教师负担,让教师有更多的精力去关注幼儿,做教师该做的事情。为了促进教师的专业化成长以及教师团队的合作精神和学习精神,加快青年教师的成长,提升发展骨干教师的素质和能力,她采取了一系列的措施,如促成青年教师成长室和名师工作室的成立,建立老中青教师"结对子"学习,加强教师礼仪形象培训,成立教师成长志愿者协会,鼓励骨干教师参加研修学习,等等。聂园长一直带头在第一线开展教学,带动全园参与教研,注重教育教学改革的实效,促进教师和幼儿共同成长,以园本培训为依托,促进教师的专业成长,扎实开展园本教研活动，追求教研实效性，提升教育质量，把教师的教育观念转化为教育行为。

在教学科研成果的推广方面，聂园长起到了辐射和带动作用。她代表佛山市机关幼儿园到河源、惠州等市作素质教育的专题报告，使先进的教育理念在省内得到传播，受到了当地教育部门和一线教师的好评。她参加"幼儿园内涵发展"主题的宁波、重庆、佛山禅城、香港幼儿园园长论坛，并作了多场专题发言，精彩的演讲体现出其高水准的学术水平。

作为一位管理者，聂园长在办园方向和管理机制上也积极创新改革，与时俱进。她坚持"自然·爱·悦·梦想"的办园核心价值理念，以素质教育为抓手，打造"绿色教育"和"愉快体育"的教学特色，积极为创设幼儿园的园本文化和塑造佛山市机关幼儿园的品牌形象而努力，还不断深化幼儿园的内部改革，完善了安全管理机制，建立并完善了中层干部竞聘上岗制度，等等，使幼儿园的各项工作尽显特色，获得发展，促进了办园水平的提高。多年的努力和扎实工作，不仅让聂园长成绩斐然，其出色的工作成绩也受到了社会各界的肯定。自2008年以来，聂园长先后被评为"全国优秀园长""全国基础教育科研先进个人"，通过正高级职称的评审……这一切正是她在幼儿教育行业奋力翱翔的成长印记，也成就了她精彩灿烂的美好人生！

以敬业之心治园，以关爱之心待人，以平常之心处事，聂园长在幼儿教育行业辛勤的工作，一定会使她收获事业和生活给予美好的馈赠，实现其人生价值，丰富其精彩的人生。

二、童心童梦——名师的成长

潘渝老师是佛山市一所幼儿园的一位普通的幼儿教师，至今已在幼儿教育一线工作了27年。说起为何从事幼儿教育时，她说："我在儿时就非常崇敬老师这个职业，加上爱唱歌、爱跳舞的兴趣，最后在老师的推荐下，15岁就以优异的成绩考入了幼儿师范学校。在30年前，幼师专业是提前批，就如现在的重点院校招生一样，经过一轮轮的面试和笔试，几乎是百里挑一，选拔出的都是最优秀的初中毕业生。在幼师读书的三年里，是我少女时代最快乐的一段时光，虽然之前并没有接触过专业培训，但我发挥着自己在艺术方面的小小天分，各项专业课学起来也算是得心应手。"在读幼师的3年中，潘老师系统地学习了钢琴、舞蹈、声乐、美术等课程。顺利完成了所有学业，并如愿以偿地实现了童年的梦想——成为一名光荣的人民教师。

在西部一所幼儿园工作3年后，潘老师随家庭迁出了原来所在的城市，南行至广东佛山定居，并将事业扎根于这片热土，踏踏实实地履行一名幼儿教师的光荣职责，一干就是24年。在这些岁月里，潘老师积极钻研学习，在教育一线默默耕耘，只要是为了完成好工作任务，想方设法、加班加点，从不计较个人的得失，体现出那个年代的人的奉献精神。为了进一步提升专业素质，经过努力学习，潘老师于1996年获得华南师范大学学前教育大专学历。她在工作中积极钻研业务，承担了多次音乐、语言、科学的教学公开课，业务能力得到了良好的锻炼，工作成绩显著，1995年被评为市级优秀教师，1998年被评为广东省"南粤优秀幼儿教师（特等奖）"。当被问及为何在新来到一所幼儿园的短短5年内就获得许多教师多年都得不到的多项荣誉时，潘老师动情地说："要感谢园长的关心，为我的成长搭建一个很好的平台，让我自己的努力有了更明确的目标和方向……带着这份感恩，即使是转制后的10多年里，无论是从编内转为编外，还是收入减少，我也一直坚守着最初的承诺与感激！"

　　这10年里，潘老师参与了多个国家级、省市级立项规划课题和专项资金项目，帮助佛山市机关幼儿园成为中央教科所重点课题实验园、省教厅课题实验园。2006年，潘老师考入华南师范大学的教育管理专业，在边学、边实践、边思考的过程中，努力挖掘着自身的潜能，积极参与佛山市机关幼儿园各类立项课题的研究，撰写研究报告，开展数据分析统计，撰写课题论文等，更进一步地把自己提升为善于开展教育科学研究、有一定理论与实践积累的教育工作者。在这个过程中，潘老师得到了所在幼儿园园长的悉心指导和帮助，在专业方面也获得了成长的新高度。

　　2010年9月，潘老师被授予区骨干教师称号。在园长的支持和鼓励下，通过申报，潘老师于第二年被评为第二批"名教师"，也成为禅城区学前教育的第一位名教师。至此，潘老师便致力于坚持走专业发展的道路，示范、引领、辐射、带动一线教师钻研教育教学，坚持教育实践研究，提高禅城地区学前教育的科学发展水平。

　　当被问及作为名教师，如何看待教师专业成长的问题时，潘老师自信而从容地说："教师的专业成长有三重境界，合格教师—优秀教师—名教师。首先，是争取做一名合格的教师，对得起自己的良心。在第一层的基础上，经过努力，做一名优秀的教师，对得起所教的幼儿，对得起自己的单位，对得起自己的职业；第三层是通过积累和重塑，做一名有抱负、有志向的专业教师，这应该是永无止境的追求。"

　　最后，笔者提出，作为名教师，能否给其他老师一些专业发展的建议时，潘老师谦逊地说："与真正的名师相比，自己深知还存在很大的差距，但是我自认为还算是一个有事业追求和理想抱负的人,在名师的成长道路上,我还需要不断前行、不断探索、不断修炼自己,努力向真正的名师靠近。另外,一切荣誉都来自个人对工作的热忱,来自领导的信任,来自同事的帮助和家长的支持,能在佛山这片土地上,实现自己的人生梦想,我是幸运的!"也许,名师的成长靠的是积累和悟性,并且,成长为名师需要努力,也需要机遇,但笔者从潘老师的身上看到,教师的专业发展更多的是一份执着和热忱。

三、一缕阳光——男教师的宣言

周玉坚老师是一位幼儿园的男教师,这在佛山的幼儿园中并不多见。他1998年7月于师范学校美术教育专业毕业后来到幼儿园工作,中间有过一次跳槽的经历,当然也是从一所幼儿园跳到另一所幼儿园,这一"跳"也许成为他专业发展的助推器。当然,对于他所在幼儿园的园长来说,她们无疑捡到了一个"宝",因为周老师不论是在班主任工作还是幼儿园对外工作上都具有独当一面的作用。在13年的工作经历中,这名年轻人在幼儿园如鱼得水、获奖无数,远远超过了许多在幼儿园工作几十年的优秀教师。在班主任工作中,他不但能把班级工作搞得丰富多彩、富有特色,还能有效地整合家长、社会的教育资源,丰富班本教育课程和幼儿园课程的内涵。

当问起他为什么选择这个职业时,周老师的回答很直爽,也很有个人的见地,他说:"没有去小学主要是感觉到,幼儿园和小学相比,对于男性教师来说,在幼儿园会更有优势,虽然本地区的幼儿园已经有了男教师的身影,再多一个,大家不会有太大的惊讶,但我还是看好在幼儿园的发展。"当问及家人对他的选择是否支持时,他说:"我虽然是广东人,但家不在本地,出门在外,什么事情都要靠自己拿主意。对于最初自己的选择,父母也没多大意见。"

对于男教师在幼儿园所面临的巨大压力,周老师是这样理解的:"经常有这样的报道说,男幼师很烦、很累,找不到自我,社会压力大……我个人在这方面感觉还好,没有太多的顾虑。不知道别人怎么想,我自己是这样认为的,当你决定了要干这份事情,就要尽情地展示你的风采,努力做到更好、做到专业,并找到快乐,那么你的人生将会更加精彩!带着这样的信念,我走进了这个充满童真和快乐的童话般的世界,并一直走到现在。"

"努力、付出、感激、幸福感"是周老师专业成长的关键词。

一分耕耘，一分收获。在幼儿教育工作中，周老师付出了许多，当然，用他的话说，也享受着幼儿教育工作给带来的快乐。他所带的幼儿参加顺德区幼儿"变废为宝"手工劳作竞赛获奖；参加第五届"粤港澳少年儿童美术书法大赛"以及"第四届PHE国际中小学生幼儿美术书法大赛"，获得金奖、银奖、铜奖；当看着自己班的幼儿学会感激，懂得感恩，学会关爱，懂得珍惜时，他说："我感到做一名幼儿教育工作者的幸福。"

在幼儿园教师一线岗位上工作了十几年，周老师通过自己的努力，在本地区的幼教界赢得了一席之地，达成自己的目标。2010年10月，他在省教育厅和省总工会联合主办的幼儿教师技能大赛中名列榜首，获得了职工经济技术创新能手称号，并被选为省劳动模范考察对象。面对这个荣誉，他很坦然地说："每天的工作都是这么做的，虽然说付出了不一定能收获，但我还是算比较幸运的，能获得省级奖励，首先还是要感谢我的同事和领导的支持和帮助，没有让她们失望！"

周老师在幼儿园的专业发展无疑是一个成功的案例，他对于一线男教师的发展也有着自己的想法和体会。对于在幼儿园如何获得长足的发展，他说："最重要的一点是要坚持信念、摆正位置。"他对男幼师的理解也很不一样，他说："一直以来，我都不喜欢别人过多地强调幼儿园里男教师和女教师的区别，或者毫无缘由地提高男幼师的地位。其实，平静、朴实、如同女教师及全天下教师般正常的工作，才是我们的心愿，才是真正体现社会在幼教事业上的男女平等无性别歧视。我想，幼儿的健康成长关键不在于教育者的性别，而在于教育者的观念和行为，无论是男教师还是女教师，各自都有优缺点，只要善于取长补短，都可以成就自己的事业。"

对于男幼师要具备些什么样的品质，周老师也给新入园的男同胞们提了点个人的建议："个人的经历告诉我，沟通能力和学习能力是非常重要的，我的学历虽然并不高，但在学习别人的有效经验、发挥自己的长处上还是做得不错的。不论是女教师还是男教师，刚开始面对幼儿园工作时，可能都是一无所知的，要想获得基本工作或出色工作的能力，必须向周围的同事学习，仔细观察别人是怎么做的，并适时听取她们的意见。所以，与同事、搭档的沟通和交流就非常重要。当然，我也不是什么事都听别人的，也不会只知道照着同事或领导的意见去做，多数时候我会有自己的想法和做法，并在实际工作中体现出来，效果也都还不错。"

结 束 语

从 2010 年至今，在 6 年多的愉快园本课程研究和实践中，我们建构起以"自然·爱·悦·梦想"为办园理念，培养健康、快乐、创新的幼儿为目标的愉快园本课程系统。课程由自然环境教育、愉快体育和创意教育三部分组成，形成了与自然对话、与自己对话、与他人对话三位一体的对话课程体系。在《幼儿园教育指导纲要（试行）》和《3～6 岁儿童学习与发展指南》的指引下，关注幼儿生活化、情景化、游戏化、经验化的教学活动改革，促进了幼儿生动、活泼、自主的发展，并在实践中厘清了幼儿园文化与课程的关系，解决了课程资源不足的问题，积累了一些园本课程建设的经验。

首先，办园理念是核心。在愉快园本课程的建设中，"愉快"作为文化核心，在幼儿园人文环境的创设中发挥了积极的作用，反映到幼儿园户外环境、班级环境、家园共育、社区合作和幼儿一日生活的每个角落和环节中（图 1 至图 2）。其中的"绿色环境"和"笑园"文化充分体现出"自然"和"爱·悦"的内涵。办园理念为课程建设提供了明确的指向。

图 1　幼儿和教师在活动区域自主学习　　图 2　和同伴合作建构模型

其次，教师专业化引领是关键。课程是理念与培养目标之间的桥梁，教师才是运用、实施和改造课程的人，其对幼儿的态度决定了对课程的态度，只有教师才能让课程从"静态的"教材进入"动态的"幼儿生活和经验。所以，园本课程建构事实上是教师队伍的建设，是其教育观、儿童观

和知识观的系统建构。实际工作就是教师知识、能力、情感、态度和价值观的形成过程。（图3至图4）

图3　教师们在进行现场教研

图4　到印度尼西亚支教的蓝老师辅导幼儿获奖

再次，资源利用是基础。从某种意义上来讲，园本课程建设的过程就是特色化、园本化资源的利用过程。每个幼儿园都具有自身的特点与条件，将让幼儿积极、主动、活泼地发展的理念渗透到每一个课程活动中，并科学有效地利用好身边的、幼儿生活中的资源，才是园本课程建设的立足点。（图5至图6）

图5　感受和学习"龙狮"文化

图6　到南风古灶体验制陶

最后，开放、民主的意识是课程成熟的标志。兼容并包、去伪存真是文化生命力的体现，也是课程发展和完善的动力。好的课程建设应该是一个开放、动态发展的内外循环过程，它需要不断地引进当代最新的教育研究成果，需要吸收不同地域文化的营养，才能保证课程的适宜性和活力，也才会使课程所服务的幼儿自信、主动地面对未来的世界。（图7至图8）

 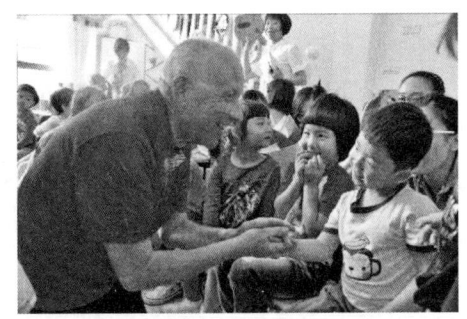

图7 聂莲园长与英国学校校长签订合作协议

图8 英国的戴维斯老师来佛山市机关幼儿园给幼儿上课

总而言之，园本课程建设是一个幼儿园办园理念和文化不断丰富和深入的过程。这个过程是动态的、变化的，它会随着意识观念、资源条件，特别是教育主体性和专业性的变化而不断完善和成熟。值得欣慰的是，佛山市机关幼儿园愉快园本课程已发展建构起相对完整的体系，它将随着幼儿园物质、精神环境的营造，以及家园环境的和谐而不断发展和成熟。

参考文献

[1] 庞丽娟. 教师与儿童发展 [M]. 北京：北京师范大学出版社，2001.

[2] 虞永平. 生活化的幼儿园课程 [M]. 北京：高等教育出版社，2010.

[3] 滕大春. 外国教育通史：第三卷 [M]. 济南：山东教育出版社，1990.

[4] [美] 劳拉·E. 贝克. 儿童发展 [M]. 吴颖，等，译. 南京：江苏教育出版社，2002.

[5] [捷克] 夸美纽斯. 大教学论 [M]. 任钟印，译. 北京：人民教育出版社，2006.

[6] 陈帼眉. 学前心理学 [M]. 北京：人民教育出版社，1989.

[7] 朱家雄. 中国视野下的学前教育 [M]. 上海：华东师范大学出版社，2007.

[8] 华爱华. 幼儿游戏理论 [M]. 上海：上海教育出版社，2000.

[9] 秦金亮. 儿童发展概论 [M]. 北京：高等教育出版社，2008.

[10] 桑标. 当代儿童发展心理学 [M]. 上海：上海教育出版社，2003.

[11] 陈琦，刘儒德. 当代教育心理学 [M]. 北京：北京师范大学出版社，2007.

[12] 朱智贤，林崇德. 儿童心理学史 [M]. 北京：北京师范大学出版社，1988.

[13] [日] 仙田满. 儿童游戏环境设计 [M]. 侯锦雄，等，译. 台北：田园城市文化，2005.

[14] 鄢超云. 学前教育评价 [M]. 北京：高等教育出版社，1998.

[15] 杨金凤. 运动中成长——运动活动中师幼积极有效互动的探索 [M]. 上海：上海教育出版社，2011.

[16] [美] 德布·柯蒂斯，玛吉·卡特. 关注儿童的生活：以儿童为中心的反思性课设计 [M]. 郑福明，张博，译. 北京：教育科学出版社，2015.

[17] 汪霞. 课程研究：现代与后现代 [M]. 上海：上海科技出版社，2003.

[18] 王焕勋. 实用教育大辞典 [M]. 北京：北京师范大学出版社，1995.

[19] 蔡汀，王义高，祖晶. 苏霍姆林斯基选集：第四卷［M］. 北京：教育科学出版社，2001.

[20] 皮连生. 学与教心理学［M］. 上海：华东师范大学出版社，1997.

[21] 林泳海. 幼儿教育心理学［M］. 北京：商务印书馆，2006.

[22] 张雪萍. 生态学原理［M］. 北京：科学出版社，2011.

[23] 朱家雄. 从对科学主义的崇拜到主张学前教育走向生态——对学前教育理论和实践的反思［J］. 学前教育研究，2007（11）.

[24] 高文. 维果斯基心理发展理论与社会建构主义［J］. 外国教育资料，1999（4）.

[25] 程沿彤. 浅谈高职高专男性幼儿教师的职业优势［J］. 黑龙江科技信息，2010（35）.

[26] 彭兵. 幼儿教师专业成长的主要障碍及对策［J］. 学前教育研究，2004（11）.

[27] 岳亚平. 走向自我更新：幼儿园教师专业发展的未来选择［J］. 幼儿教育：教育科学版，2006（9）.

[28] 郝江玉. 本土资源的开发与园本课程建设［J］. 学前教育研究，2014（5）.

[29] 王炳照，秦学智. 陈鹤琴学前教育思想的传统文化渊源［J］. 学前教育研究，2006（3）.

[30] 汪颖赫. 幼儿园户外空间环境设计研究［D］. 哈尔滨：东北林业大学，2011.

[31] 李美. 基于儿童发展心理学的儿童娱乐设施研究［D］. 天津：河北工业大学，2012.

[32] 赵辉. 国外工作价值观研究综述［J］. 燕山大学学报：哲学社会科学版，2011（2）.

附 录

附录1

家长对幼儿园课程（活动）的感言（节选）

啊！米兰
佘昊轩家长，2012年11月

"老师窗前有一棵米兰，小小的黄花藏在绿叶间。它不是为了争春才开花，默默地把芳香洒遍人心田。啊！米兰，像我们敬爱的老师……"

当我第一次把轩轩交到老师的手中时，就想起了这首赞美老师辛勤工作的歌。入园两个月以来，轩轩的进步非常明显，这都源于老师们悉心的教导和关爱，源于他们米兰般的默默付出，无声滋润着孩子幼小的心田。（附图1-1）

中班的孩子已经到了知识与身心共同发展的阶段，身体素质的锻炼和知识的积累同样重要。从轩轩的进步

附图1-1 和谐的师幼关系

中，我们看到了老师的努力。到佛山市机关幼儿园不久，中一班的刘老师、黄老师、马老师都及时跟我们沟通了轩轩的在园表现，园长也及时召开了新入园儿童家长会，使我们对佛山市机关幼儿园的教育理念、幼儿园对家长的期望有了基本的了解，在家庭教育中，我们能积极配合老师的要求，让轩轩每天都有一点进步。

教育的力量是无穷的。两个月时间不长，我们轩轩的变化可不小：能够自己吃饭，收拾玩具，自己刷牙、上厕所；在集体生活中，也懂得了谦

让、合作、帮助、宽容。看着他每天高高兴兴地去幼儿园，我们感到无比的欣慰。

孩子的进步与幼儿园园长的领导、老师的辛勤工作分不开，也和佛山市机关幼儿园宽松的教育环境分不开。在这么短的时间里，轩轩能融入新的集体，我想根本原因就在于老师对孩子的爱。爱是做好一切教育的前提。只有关爱每个孩子，才能让孩子真正感受到老师的友善与亲切，从而实现零距离的心灵沟通。

看着轩轩的进步，我们的心中充满对园长、老师的感激，再美的语言也无法表达我们的感激之情，让我们为敬爱的园长、老师们点播这一首优美的歌："老师窗前有一棵米兰，小小的黄花藏在绿叶间……"以寄托我们对园长、老师的深深敬意和感谢。

冬日依旧暖洋洋

宫千婷家长，2014 年 10 月

初冬时节，送走了连日的阴冷萧瑟，盼来了久违的冬日暖阳，也盼来了期待已久的小一班亲子活动日。这可是千婷（附图 1-2）上幼儿园后的第一次集体远足，不但孩子兴奋不已，就连我们做爸妈的也都心情激动，比自己出行更郑重其事。

一大早，天公赏脸，我们迎着灿烂的阳光上路了。沿途欢声笑语相伴，经过一个多小时的车程，到达了我们此行的目的地——位于番禺海鸥岛海怡半岛的"绿色农庄"，开始了温馨快乐的亲子之旅。

第一个环节是拍集体照。这对于大人而言不费吹灰之力的集体活动"例牌项目"，对于一群少不更事的孩

附图 1-2　快乐健康的宫千婷

子来说竟是状况频出，场面一度混乱。幸得娜娜老师一声令下，整队排阵，总算顺利完成。（附图 1-3）

拍完照，孩子们开着"小火车"到篮球场开始了轻松愉快的游戏时间。活动的最后还进行了评奖，我们所在的第三组被评为"最佳守时奖"，

附图1-3 参加亲子社会实践活动的家长、孩子与老师合影

大家为此雀跃欢呼！快乐的时光总是短暂的。评奖环节标志着"绿色农庄"亲子活动进入尾声，大家怀着愉快的心情踏上了归途。尽管意犹未尽，但是终究敌不过一天的劳累，千婷跟许多小朋友一样在车上睡着了，香香地、甜甜地睡了……一觉醒来，已经回到幼儿园门口。"冬日依旧暖洋洋"亲子温馨之旅就此画上了圆满的句号！

这次活动虽然结束了，但却给我们留下了美好的记忆，相信在孩子的成长过程中，这将成为一段难忘的经历。果不其然，在随后的一周时间里，千婷对此一直念念不忘，至今还回味无穷呢！亲子活动的意义可见一斑：

其一，以大自然为师，学习知识。"大自然是我们最好的老师，大自然充满了活教材，大自然是我们的教科书……"将教育活动的空间扩展到大自然中，充分挖掘环境的教育资源，可以利用孩子天生的好奇心，鼓励他们去摸、去看、去闻、去听，用他们的亲身体验感受这丰富多彩、变化无穷的世界。本次亲子活动选择了"绿色农庄"这样一个充满郊野气息和生态元素的地点，让家长和孩子们有机会远离城市的喧嚣，投身大自然，尽情领略乡间怡人的生态环境，享受喂养小动物的乐趣，从中增长见闻，学习自然常识。活动中，千婷有机会亲眼看到原来只在画册图卡上见到的小动物，她感到新奇而兴奋，以至于此后一提起来就眉飞色舞、如数家珍。看来这次亲子活动还是颇见成效的哦！

其二，以情感为纽带，密切交流。亲子活动为孩子之间、孩子和家长之间、家长之间搭建了沟通的平台，孩子们既享受到了活动的快乐，又体验到了交往的乐趣，以及同伴之间友好相处、互相帮助的快乐，有助于其社会适应能力的发展。通过游戏与孩子互动，可以增进亲子间的情感交流及合作沟通,有助于幼儿个性的完善和发展。感情是由交流堆积而成的,任何一种感情的升华都有赖于交流。活动中,我们和千婷一起游戏、呐喊,你追我赶,情趣盎然,感觉自己仿佛回到了童年时代,体会到与孩子们共同游戏的欢乐,亲历了孩子的成长过程,与孩子一起感受了成长的快乐!

其三,以活动为媒介,发展能力。亲子活动是家庭教育的深化和发展,强调父母、孩子在情感沟通的基础上实现双方互动,也就是让父母与孩子一起玩、一起参与活动,在此过程中,让孩子学习掌握一些知识、发展一些技能,这不但能促进幼儿的健康成长,也能促使父母自身素质不断提高。通过寓教于乐的亲子活动,可以全方位地发展幼儿的运动、语言、认知、情感、创造、社会交往等多种能力,给孩子提供获得成功和自信的机会,培养孩子的自我认知和自理能力,同时,也能使幼儿在愉快的游戏体验中逐步理解并遵守基本的行为规则,增进亲子感情,促进人际交流,最终促进孩子健康和谐的发展。看着千婷那么投入地游戏,那么自信地参与活动,跟同伴那么和谐地相处,我不由得回想起她刚入园时的情景……而今,孩子在老师们的引导下,已经快乐地融入了集体生活,有了自己要好的小伙伴,学会了自理,树立了自信,那种独生子女的霸气与任性也消减了许多,作为家长,我们心里真的很欣慰、很自豪!

愉快的体育

沈祺峻、沈祺峰家长,2009 年 3 月

转眼间,儿子沈祺峻、沈祺峰(附图 1-4)已经五岁半了,小家伙们变得更懂事、更听话了,个头也长高了。平时生性活泼好动的他们,喜欢爬山,互相追逐、摔角,仿佛有用不完的力气。幼儿园里的户外活动是他们最喜欢的项目之一,回到家里也常常对此津津乐道。

附图 1-4 快乐的沈祺峻、沈祺峰兄弟俩

我们也很高兴孩子们在家人无暇陪伴时能每天得到充分的运动。体育运动不仅是成人强身健体的主要方式,对儿童的生长也是相当重要的。体育运动能增强儿童的体质,促进其机体健康发育,而且能较大限度地开发儿童的潜能,从而促进其智力的发展。

最近，幼儿园开展了学习跳绳的活动，这个项目对幼儿发育更有着深远的意义。因为，跳绳对活跃脑神经很有作用。人在跳绳时，身体以下肢弹跳和后蹬动作为主，手臂摆动，腰随上下肢的活动而扭动，腹部肌群配合提腿。跳绳时呼吸加深，手握绳头不断甩动又会刺激拇指的穴位，对脑垂体产生作用，进而增加脑细胞的活动，提高幼儿的思维能力。幼儿的脑细胞正处在发育阶段，只要科学地掌握跳绳的活动量，就可以促进其大脑的发育。跳绳是一项全身性的活动，幼儿手脚协调配合，可促进其协调性的发展。

孩子们自从参与了幼儿园的户外运动，变化也是让人惊喜的：性格更开朗了，动手能力更强了，很主动地帮大人分担家务，不怕苦，不怕累；吃饭的速度加快了，饭量也增多了，体重和身高也有了明显的改善。

因而，我们很乐意让孩子们从小热爱体育活动，掌握更多的体育技能。运动的意义，除了能提高体质，更能磨炼一个人的意志及毅力，培养不怕吃苦、不轻易言败、不轻易放弃的优秀特质，也是提前向德、智、体的全面发展迈出极其重要的第一步。

运动快乐，快乐运动

霍启俊家长，2008年11月

三年前，在幼儿园新生家长会上，聂莲园长给我们介绍了佛山市机关幼儿园的教学理念是围绕"自然·爱·悦·梦想"，以"愉快体育"和"绿色教育"为特色，坚持实施素质教育，促进每一个幼儿富有个性地发展，所以，户外体育锻炼会是幼儿园重要的教学形式和教学内容。

每次的家长会，老师总是不厌其烦地提醒我们，每天早上最好能在7：40就把小朋友送到幼儿园参加晨练，让他们能够完全醒来，促进肠道蠕动，才能更好地吸收早餐的营养。根据幼儿的年龄特点，幼儿园的晨练通过开小车、走独木桥、拍球、玩滑板、钻纸箱、障碍赛等生动活泼的游戏方式，不仅让孩子们在轻松愉快的游戏中巩固走、跑、跳、爬、钻等基本动作，更是让他们在活动中体验了运动的快乐。

除了晨练之外，俊俊还经常回家向我们展示每天的两套音乐早操，边唱边做。每个学期，佛山市机关幼儿园都会根据小朋友的动作发展，更换不同的两套早操。跟随着轻快的节奏，小朋友队列整齐，精神抖擞地伸手踢脚、弯腰跳跃。有研究表明，经常做体操的孩子，各种动作提前发展，在日常生活中可更自然、更协调、更省力地实现自己的目标。

晨练和早操的锻炼为小朋友建立了良好的身体健康基础，但是在不同年龄段,不同的锻炼方式可以带来不同的效果。小朋友的体格锻炼应该采取综合的形式来进行。佛山市机关幼儿园园林式的户外场地上,错落有致地分布着可供幼儿攀登、爬滑、钻走、平衡运动的大型运动器械群,每天两次的户外活动,小朋友可以通过大型运动器械,互相追逐、比赛,尽情玩乐;幼儿园还根据季节的变换,利用充足的阳光、新鲜的空气等自然条件,进行日光浴、空气浴、赤足运动等,让小朋友亲近自然、热爱自然,享受自然的愉快体育。

科学合理的体育活动使俊俊的饭量增加了,由于活动多、生活规律,小家伙中午在幼儿园和晚上在家的睡眠都比较好,容易入睡。并且通过长期的体育锻炼,促进新陈代谢,改善了便秘、鼻炎等疾病,身高和体重一直保持稳步发展。

周末在家,我们还是想让俊俊保持一定的运动量,就积极地跟俊俊到户外公园跑步、去海边游泳、登山攀爬、练咏春拳,享受运动带给我们的亲子乐趣和健康的生活。每逢幼儿园举办亲子运动会,我们家总是踊跃参与。运动场上,老师、家长和孩子们竭尽全力,你追我赶,呐喊声、加油声此起彼伏,紧张激烈的竞赛活动,更好地激发了孩子们的运动热情,增强了孩子们的竞争意识。

丰富多彩的体育运动,让孩子的体育锻炼不再枯燥,身体素质和运动水平得到了提高,使孩子们在拥有健康身体的同时也感受到了运动的乐趣。

那是孩子喜欢的幼儿园

李源杰家长,2015 年 7 月

尊敬的园长妈妈:

请允许我用孩子们对您最亲切的称谓来称呼您,我是中一班李源杰(附图1-5)的家长。

时光荏苒,去年来佛山市机关幼儿园面试的那一幕仿佛就在昨天。一位老师问李源杰:"小朋友,你为什么要来机关幼儿园呀?"李源杰大声说:"我妈妈说机关幼儿园是最好的幼儿园!"如果说那份印象是从别人的口中听来的,那

附图1-5 聪明活泼的李源杰

么，我们通过这一年的学习与生活，真真正正感受到了佛山市机关幼儿园的美与好。

因为美好，每当驱车行驶过同济路时，隔着厚厚的绿化带，李源杰总用小手指着那几栋熟悉的建筑说："那里是我的幼儿园！"因为喜欢，每周日我写家校联系本时，李源杰总会在旁边大声地说："妈妈，要加上一句'李源杰喜欢上幼儿园'！"

作为家长，我赞同机关幼儿园接受家长视频监督配餐的方式，我的孩子成了受益者，入园一年体重增长了8斤；我赞同机关幼儿园体育锻炼先行的教学模式，我的孩子成了受益者，近一年发烧感冒的次数少了，个头高了许多；我赞同机关幼儿园控制孩子看电视、玩手机的教育方法，我的孩子成了受益者，视力两个月内从0.5上升到0.7、0.8。

一年时间过得真快，李源杰在中一班这个温暖的集体里又长大了一岁。我们把孩子送到幼儿园，不仅仅是为了有老师照顾他，而是希望他通过幼儿园的集体生活，学会怎样学习、同小朋友们友好相处与沟通、生活上能够做到自己的事情自己完成等本领。

入园以来，在老师们的悉心指导下，李源杰在健康地成长。

性格上，从倔强、爱发脾气、爷爷奶奶跟前的心肝宝贝，变成一个会妥协、能接受妈妈意见的小男孩。

学习中，从刚转学时的不会数一个数字、不会唱一首歌、不会画一张画、不会做一节体操，到现在学会10以内的加法、中英文歌都能唱、母亲节送一张画给我当礼物、完整地做一套体操。可能这些在其他父母眼里只是很平常的事情，但是只有我知道，中一班的老师们在李源杰前进的道路上对他倾注了多少心血。

生活里，从一个每顿饭都要奶奶、妈妈喂的娃娃，在老师们的鼓励下，变成了一个可以自己吃饭、自己穿衣的中班小朋友。

我们感受到李源杰各方面的进步，非常欣慰，再次感谢中一班的娜娜老师、林老师、黄老师的辛勤工作，对李源杰的成长及进步给予了莫大的帮助，同时，也表达一名家长对幼儿园、对老师的无限感激！

附录2

小学对佛山市机关幼儿园毕业生发展情况的评价（节选）

佛山市第九小学

佛山市第九小学开办于1952年，至今已有60多年。一直以来，佛山市机关幼儿园年均有80名左右的毕业生入读第九小学。机关幼儿园为第九小学输送的毕业生普遍综合素质良好，发展后劲足。他们在幼儿园期间得到"自然·爱·悦·梦想"这个良好的教育理念熏陶，在"玩中学"教育模式的培养下，造就了活泼开朗的个性，形成了良好的生活习惯，身心均衡发展，为第九小学培养优秀人才打下坚实的基础。

佛山市机关幼儿园作为一所具有60多年历史积淀的优质幼儿园，已形成了一种充满自然、温情、和谐和爱的文化传统，并以"爱"为文化核心。"为了每一位幼儿的发展"的办园理念与第九小学"用六年影响一生，让童年奠基未来"的办学理念相符，所以，机关幼儿园毕业生很快就适应了新的校园生活。在新环境中，他们善于交友、同学关系融洽、不怕挫折、乐于助人、互相谦让等，这一切良好的社会性品德与他们接受的"爱"的教育分不开。

随着年复一年的学习，这些拥有快乐童年的孩子的发展优势愈发明显。这些优势主要表现在以下几个方面：

（1）机关幼儿园毕业生能尊重老师，处事大方得体，与同学关系融洽，乐于助人，待人有礼，见到老师和家长都能主动问好。孩子们都有很强的责任心，班级组织能力突出，当班干部的孩子能分工合作，担负自己的责任，积极协助老师管理班级。

（2）孩子们在课堂上专注力集中，有较强的学习意识，发言积极，思维活跃，表达能力较强，能自信地表达自己的观点，有主见。他们感受力强，容易接受新鲜事物；他们动手能力强，在科技小制作、电脑作品制作、出黑板报、手抄报比赛等方面均有不俗的表现。

（3）机关幼儿园毕业生有很强的集体荣誉感，无论是运动会、广播操、篮球比赛还是学习的各个方面，他们都全力以赴、相互鼓励，团结协作、勇于拼搏。他们的兴趣广泛，多才多艺，运动能力尤为突出，无论是乒乓球队、篮球队、击剑队还是游泳队、毽子队、羽毛球队等，都有他们活跃的身影。他们还多次代表学校参加各种运动项目的比赛，均获得优异的成绩。

（4）由于机关幼儿园拥有良好的阅读氛围和条件，所以培养的孩子普遍具有良好的阅读兴趣与习惯，爱阅读、肯阅读，每个人的阅读面很广，知识面也很广。

佛山市机关幼儿园毕业的孩子除了学习优秀外，参加的各种活动也取得累累硕果。以2012年的佛山市机关幼儿园毕业生获奖情况为例，有的同学代表学校参加了乒乓球比赛、游泳比赛、武术比赛、击剑比赛、篮球比赛、足球比赛、小学生运动会等，均取得了优异的成绩；有的同学喜欢绘画，用画笔描绘出自己心中的梦想，作品获得国家级的大奖，并被刊登在《珠江青少年》上；有的同学擅长书法，字写得漂亮，获得书法比赛二等奖；有的同学喜欢弹钢琴，不少同学钢琴考级达到八级、九级甚至十级；有的同学喜欢舞蹈，外出比赛为学校争光，获得广东省少儿艺术花会二等奖；有的朗诵水平高，曾代表学校参加朗诵比赛获一等奖；有的喜欢英语，在市级、省级的英语比赛中屡屡获奖……

精神的浩瀚，想象的活跃，这些都是佛山市机关幼儿园毕业的孩子成功的保证，相信他们一定会拥有美好的明天。

佛山市实验学校

佛山市实验学校自2004年开办至今，每年均有佛山市机关幼儿园的毕业生到校面谈和入读。由于机关幼儿园多年来一直坚持"为了每一位幼儿的发展"的办园理念，因此，到实验学校面谈的机关幼儿园毕业生都能够大方地把自己最为突出的一面展露出来。特长精而多、充满自信是机关幼儿园毕业生的最大特点，他们通过在幼儿园三年的爱与艺术的熏陶，通过幼儿园搭建的各种展现才华的舞台，初步形成了各种艺术情操，印证了机关幼儿园"让入园的孩子健康、快乐、幸福"的办园宗旨。

根据每年佛山市机关幼儿园毕业生到实验学校面谈和入读的情况分析，机关幼儿园的毕业生主要有以下几大特点：

（1）课外阅读量大，孩子们热爱看书。佛山市机关幼儿园一直以来重视孩子的早期阅读教学，因此，毕业生进入小学以后仍然保持着浓厚的阅读兴趣，自觉挑选一些有益读物进行阅读。最让老师感到惊讶的是，机关幼儿园的毕业生识字量大，能够独立阅读大量的书籍，而且大部分孩子都有良好的阅读习惯，喜欢沉浸在书籍的海洋里吸吮知识，这些孩子大多课外知识丰富，思维敏捷。

（2）口齿伶俐、善于表达，孩子们热爱讲故事。佛山市机关幼儿园的毕业生不单爱看故事书，更乐于用自己的方式把故事演绎出来。每年，幼儿园都会为孩子们搭建平台，培养他们自信地站在舞台上，绘声绘色地演讲、朗诵、讲故事、表演童话剧等。长期以来，孩子们在幼儿园得到充分的自我展示，入读小学以后，机关幼儿园的毕业生往往能够在课前三分钟大方自然地自编、自导、自演故事。同时，由于这些孩子广泛阅读故事书，有一定的语言积累，所以在语言表达上尤为突出。

（3）动手能力强，孩子们热爱搞小创作。从小小班开始，佛山市机关幼儿园就致力于培养孩子的动手能力，如粘贴画、环保小制作、做元宵灯笼等，极力提倡孩子创作出有自己特色的作品。机关幼儿园还会定期举办美术作品展，把孩子们优秀的美术、手工作品展示出来，让孩子感受创作的成功与喜悦。有了机关幼儿园的悉心栽培，孩子到了小学阶段的灵感与思维特别活跃，酷爱参加学校的科学特长班、小爱迪生实验班、建筑模型班、航海模型班、电脑机器人制作班等，为实验学校参加区、市、省级等大赛提供了优秀人才。

（4）精通唱歌跳舞，孩子们热爱台上表演。佛山市机关幼儿园每年都会举办各种大大小小的演出活动，如庆新年嘉年华活动、庆六一活动、毕业典礼活动等，让孩子们在舞台上唱唱跳跳，寻找属于自己的艺术灵感。进入小学以后，机关幼儿园的毕业生热衷于舞台献艺，有的参加合唱队，有的参加舞蹈队，有的参加小主持人班，多次代表实验学校出赛并取得喜人成绩。

佛山市机关幼儿园的毕业生带着"自然·爱·悦·梦想"的核心价值进入实验学校发展，硕果累累，成绩骄人！

附录 3

佛山幼儿教育现状调查报告

前 言

　　中国 30 多年改革开放的历程也是学前教育改革的过程，其中，以每个时期的学前教育政策、法规等的颁布为依据。1989 年，教育部出台《幼儿园管理条例（试行）》，国家开始科学化、规范化管理学前教育事业；1996 年出台的《幼儿园工作规程》则为全方位管理幼儿教育事业提供了依托；2001 年 9 月颁布的《幼儿园教育指导纲要（试行）》则将幼儿园课程改革推向了高潮，这一时期充斥着各种各样的课程理论和课程方案，幼儿园课程实践轰轰烈烈地开展起来。2012 年秋，教育部颁布了《3～6 岁儿童学习与发展指南》，将幼儿教育的科学化和规范化意识提到前所未有的高度，为学前教育事业的发展提出质的要求。

　　作为两轮学前教育三年行动计划的实施主体，2016 年初被教育部批准为国家学前教育改革发展 36 个实验区之一的佛山，幼儿教育实践取得了哪些深层次的突破，还存在着什么问题和挑战，这都是值得大家思考的问题。例如，幼儿教育发展与社会经济发展尚不适应，幼儿教育经费紧缺，缺乏优质的教育资源，公办幼儿园数量明显不足，需进一步完善办园体制。这些共性的问题在佛山是否一样突出？人民群众提高了对优质幼儿教育的需求，加上持续增长的外来人口等因素，佛山市优质幼儿教育资源不足的矛盾日益严重。加快发展幼儿教育，为广大儿童创造良好的成长环境，仍然是一项长期的任务。

　　为了摸清佛山市幼儿教育的基本情况，本次调查分别从教师专业发展、幼儿园课程设置状况和家长工作三个方面，向佛山市的幼儿园（主要以禅城区为主）发放问卷，以更好地了解佛山市幼儿教育的现状，为佛山市幼儿教育未来的发展提供实践性参考。

一、幼儿园教师专业发展状况

（一）教师自我专业化发展内涵

当前，社会各界对于学前教育的关注越来越多。决定一个地区的学前教育质量的因素固然很多，但是教师作为人的因素占有十分重要的地位。2012年2月由教育部研究制定的《幼儿园教师专业标准》从三大维度、十四项领域对教师的师德、知识与能力作出了具体的要求与规定，为培养、培训合格的幼儿园师资提供了清晰、明确的参照。

（二）教师专业发展要素分析

为配合"佛山幼儿教育实践与探索"的研究，佛山市机关幼儿园课题组参考相关资料，以佛山市禅城区为主要参考和调查对象，对以禅城区为主的各地区、各级别、各层次的幼儿园教师进行了问卷调查。调查问卷的样本覆盖了以禅城区为主的各种体制的幼儿园，问卷对象以身处一线的教师为主体，对教师的工资水平、职业态度、工作困难等进行了相应的调查和分析。本次调查共收回2044份有效样本，数据结果将作为本次科学分析的重要依据。

1. 幼儿教师工资水平与流动性

总体调查样本中，23岁以下的教师占比最高，45岁以上的教师比率最低；如果以35岁为分界线，35岁以下的教师比35岁以上的教师所占比例大很多。由此可见，目前幼儿园教师的年龄总体偏年轻，幼儿园的新鲜力量多。从性别来看，女性教师依然占有绝对的主体地位。在教师的学历调查统计中，本科学历占16.88%，数量不算太少；从问卷中还可以看出，学前教育专业毕业的教师所占比例有85.27%，占总人数的绝对多数，说明佛山地区幼儿教师的专业性有了很好的保证。有近半数的教师已进行了职称评定，教师的等级水平有了较好的制度来保障。从问卷调查中看到，民办幼儿园的教师数量占所有调查对象的一半以上。

多数受试教师的月工资水平不高（附图3-1），每月到手工资在3000元以下的占69.96%，说明佛山幼儿教育工作者的收入水平确实普遍偏低。当被问到选择离职的主要原因时，选择工资低而离职的占55.77%（附图3-2），收入问题是影响幼儿教师资源流动的主要因素。

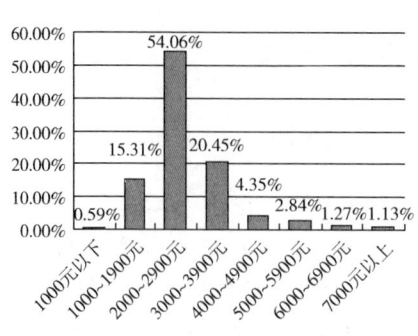
附图3-1 幼儿教师工资水平

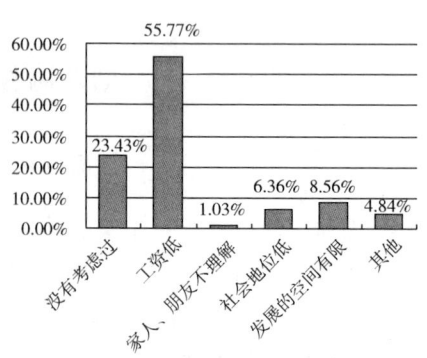
附图3-2 幼儿教师离职原因

2. 幼儿教师的职业态度与工作困难

从问卷调查的结果来看,有77.64%的受试教师选择幼儿教师作为职业的初衷是因为喜欢孩子,因受专业限制而不得不从事幼儿教育行业的有13.85%。从总体数据上来看,从内心热爱幼儿教育事业的受试教师还是占绝大多数的(附图3-3)。也许正是因为这份热爱,当朋友或陌生人问起职业时,有66.98%的受试教师选择直接告诉对方;值得注意的是,有99.71%的受试教师会选择告诉对方自己的职业,但是也有极少数受试教师觉得难为情,不愿说出来。除了教师本人的态度,家庭的支持也对教师的工作状态产生了很重要的影响。令笔者感到欣慰的是,有74.27%的幼儿教育工作者得到了家人的支持。

另外,幼儿教师的工作是零碎而繁杂的,要同时做好和单位、家长、幼儿三方面的沟通工作。当被问及幼儿教师觉得最难适应的工作时,有42.22%的受试教师选择了家长工作,有35.76%的受试教师选择了和孩子外出社会活动,(附图3-4)这从一个侧面说明,教师对工作内容的认知相对静态或封闭,对需要组织、交流和沟通的工作不太擅长。

附图3-3 幼儿教师职业的初衷　　附图3-4 幼儿工作最难适应的方面

3. 幼儿教师对职业专业化的态度

教师专业能力的培养涉及两个方面,一是教师自我提升的意识,二是外界提供的机会。在自我提升方面,有84.39%的受试教师认为自己会积极争取各种提升的机会(附图3-5)。在专业认识上,有65.46%的受试教师能够做到经常运用生活化、情景化的方法和游戏的方式设计教学计划，达到教学目标；有80.04%的受试教师倾向于幼儿的个性化教育，尊重幼儿的个体差异，对不同人有不同的教育方法，且绝大多数受试教师会反思自己的教学活动。以上种种数据都表明，现代的幼儿教师对自己的专业化有比较高的认识，知道要用更加科学的方法对待教育问题，有了疑惑能够主动寻求各方面的帮助，对待幼儿也不再是一体化大课堂的教育模式，教师的专业性得到了很大的提升。

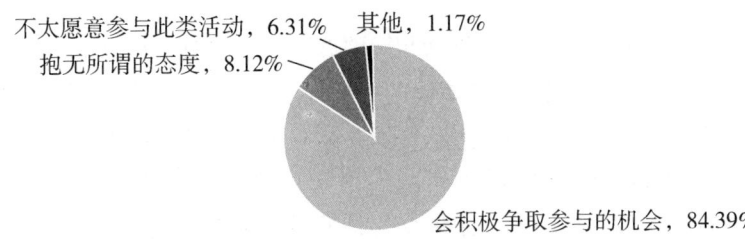

附图3-5　幼儿教师对自我提升的态度

从幼儿园的角度来看，幼儿园对教师的专业化提升也做了很多努力，每学期都会为教师提供外出学习的机会。不过教师外出学习的机会并不均等。数据显示，几乎没有机会外出参加专业学习和个人进修的受试教师占14.53%，虽然人数不是最多的，但还是可以看出来，幼儿园需要一些更好的制度，为教师的专业化发展提供更多的平台和机遇。

通观整体，禅城区幼儿教师的专业化水平比较高，教师的年龄总体上有年轻化的倾向，教师的学历水平朝着更高层次发展，但是在职称评定方面，仍然需要教师们更积极地争取。幼儿教师的职业受关注度已和以前大不一样了，学前教育行业也在朝着更加科学的方向前进。但是我们希望政府部门能够更加重视学前教育的制度化建设，在经济保障、专业发展上给予幼儿教师更多支持，减少这一职业流动性过大的问题，从根本上保障学前教育质量的稳定推进。

二、幼儿园课程设置状况

调查拟对佛山市（以禅城区为主）的幼儿园的管理者进行问卷调查，了解佛山市幼儿园课程设置的情况，调查幼儿园课程实施的情况，对存在的问题进行研究，为幼儿园设置科学合理的幼儿课程提供科学、合理、可行的建议，在了解幼儿课程设置的同时，为幼儿课程设置提供更好的实践依据，帮助幼儿获得更好的发展。

从回收的问卷情况来看,调查的对象为107人,也就是107所幼儿园的园长或副园长。其中,公办幼儿园或具有公办性质的幼儿园34所,民办幼儿园73所;地处市区、镇街的84所,乡村幼儿园23所。其中,87所幼儿园的办园历史在10年以上,接近一半(44.86%)的幼儿园的办园历史在20年以上。

(一)调查内容与分析

1. 办园理念

根据问卷调查结果统计分析幼儿园的办园理念状况,从附图3-6中可以看出,99.07%的幼儿园都有明确的办园理念,0.93%的幼儿园没有明确的办园理念,说明佛山市的绝大部分幼儿园有明确的办园理念。

在办园理念与幼儿园课程实践的融合度方面,如附图3-7所示,72.9%的管理者认为本园的办园理念与幼儿园课程实践的融合处于进步之中,26.17%的管理者认为本园的办园理念与幼儿园课程实践融合得很好,只有0.93%的管理者认为本园的办园理念与幼儿园课程实践处于停滞状态,说明幼儿园的办园理念影响了幼儿园课程的实施。

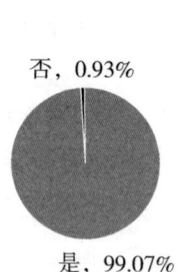

附图3-6 具有办园理念的幼儿园数量分布

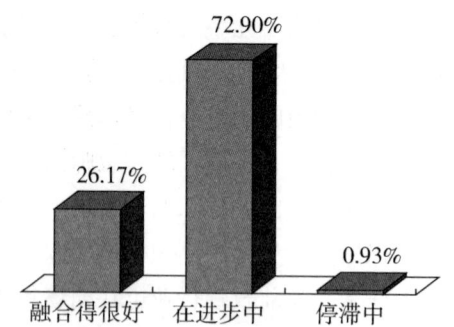

附图3-7 办园理念的融合度

2. 幼儿园的课程内容

在幼儿园的课程内容方面,如附图3-8所示,绝大部分幼儿园都有五大领域(健康、语言、社会、科学、艺术)的课程,占99.07%,42.06%的幼儿园有阅读课程,27.1%有礼仪课程,27.1%有英语活动,其他占13.08%。这说明幼儿园的课程设置都是以《幼儿园教育指导纲要(试行)》为指导思想的,在课程设置上,都遵循幼儿五大领域的内容。在五大领域开展各项活动,较为注重阅读课程。

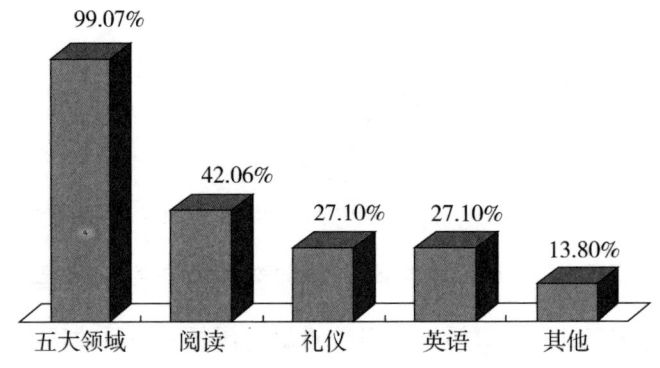

附图3-8 幼儿园的课程内容

3. 幼儿园课程内容比重

在幼儿园一天的课程组织流程中,所占比重最大的是生活活动,达73.83%,游戏活动占12.15%,体育活动占13.09%,集体活动占0.93%。说明幼儿园更注重游戏活动,弱化了集体教学,更尊重幼儿的自主性。(附图3-9)

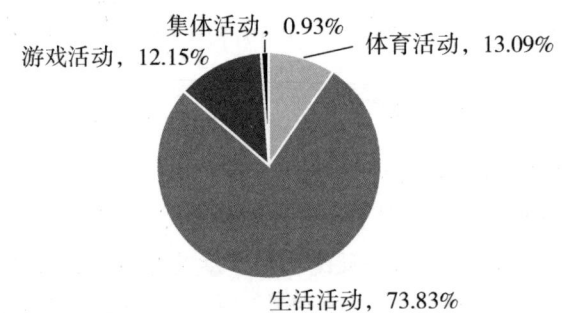

附图3-9 幼儿园各项课程占一日流程的比重

4. 管理者对本园各时段的教育活动方案的熟悉程度

在对本园各时段的教育活动方案的熟悉程度方面,受试的各幼儿园的管理者中,虽然不亲自操作,但非常熟悉的占大部分,为76.64%;亲自操作,也非常熟悉的占21.49%;有人专管,不需要熟悉的占1.87%。这说明幼儿园的管理者对本园的教育活动方案较为熟悉。(附图3-10)

5. 对于将幼儿园一日活动分为四大块的清晰度

《广东省幼儿园一日活动指引》要求将幼儿园的一日活动分为生活、学习、体育、游戏四大块,受试的各幼儿园的管理者对此非常清晰的占多数,为76.64%,不太清晰的占21.50%,没想过的占1.86%(附图3-11)。对开展自主游戏活动的态度方面,98.13%的管理者认为很合适,0.93%的管理者认为不合适,0.94%的管理者表示不清楚(附图3-12)。

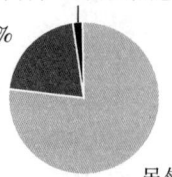

附图3-10 管理者对本园各时段的教育活动方案的熟悉程度

说明《广东省幼儿园一日活动指引》对幼儿园的一日活动具有指导意义，且大多数管理者认为适合开展自主游戏活动。

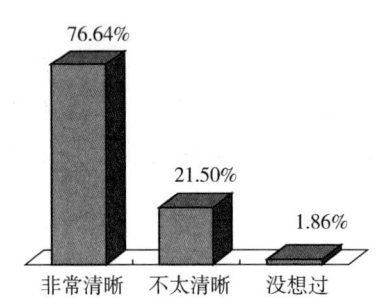

附图3-11 对幼儿园一日生活的清晰度　　附图3-12 对自主游戏活动的态度

6. 幼儿园环境最大的变化

在幼儿园环境最大的变化方面，受试的各幼儿园的管理者中，63.55%认为更适宜幼儿游戏，27.10%认为更适宜幼儿生活，7.48%认为更适宜幼儿学习，1.87%认为没有变化（附图3-13）。说明幼儿园在环境打造上更倾向于适宜幼儿游戏和生活。

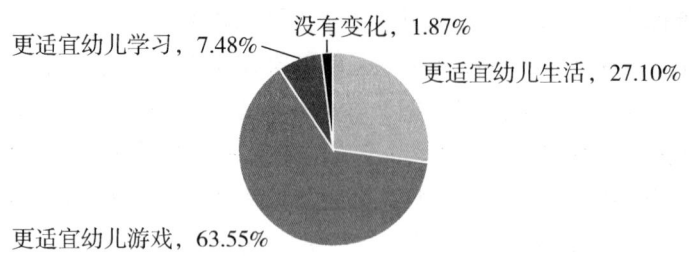

附图3-13 幼儿园环境最大的变化

7. 幼儿园现阶段使用的课程来源

问卷调查结果显示，在幼儿园现阶段使用的课程方面，52%的幼儿园课程主要靠整体引进，38%靠筛选和补充，只有10%是自主开发（附图

3-14)。说明大部分幼儿园课程还是以外来引进为主,自主研发的较少。

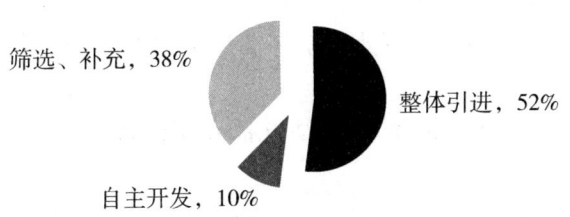

附图3-14 幼儿园课程来源情况

8. 幼儿园的课程特色方面

在幼儿园的课程特色方面,61.68%主要体现为艺术(音乐或美术),18.69%体现为陶艺、剪纸等手工艺,12.15%体现为武术,0.93%体现为粤剧,38.32%属于其他方面(附图3-15)。说明幼儿园对艺术领域较为重视,着重发展幼儿的艺术特长。

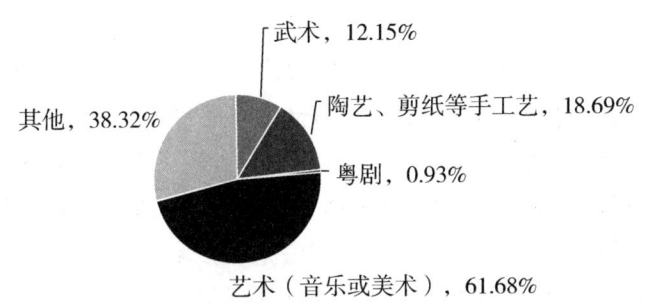

附图3-15 幼儿园的课程特色

(二)调查结论

从问卷调查的结果可以看出,幼儿园的课程设置是幼儿园教育的主要内容之一,通过对调查结果的分析,可以得出以下三点结论:

第一,参与调查的幼儿园的课程设置都以《幼儿园教育指导纲要(试行)》为指导思想,在课程设置上,都遵循着幼儿五大领域的内容。在健康、语言、社会、科学、艺术五大领域开展各项活动,幼儿园的课程特色主要体现为艺术领域。

第二,幼儿园的管理者对本园的教育活动方案较为熟悉。在园本课程建设中起决定作用的主要是园长,园长作为幼儿园课程设置的主要负责人,既是课程实施的领导者,又是课程实施的实践者,而一线教师对园本课程的参与度较低。

第三，幼儿园的管理者认同开展自主游戏活动，在园所环境的打造上也更倾向于适合孩子游戏和生活，更注重幼儿的游戏活动，弱化了集体教学，更尊重幼儿的自主性，基本上能保证孩子的基本游戏和活动时间。

三、家长参与幼儿园课程的状况

为了解幼儿家长参与幼儿园工作实践的现状，我们进行了关于家长实践的问卷调查。家庭教育在幼儿成长过程中起着关键作用，而家长自身的教育素养大多是后天习得的，并且需要来自外来力量的帮助和指导。幼儿园作为家庭重要的合作伙伴，以其优势资源，为幼儿家长提供科学的指导，有利于提高幼儿家长的教育素养，促进家园共育下的幼儿健康成长。

此次问卷调查主要选取佛山市禅城区各幼儿园的幼儿家长作为调查对象，共发放调查问卷17677份，回收率为100%。问卷发放时间为2017年7月3—13日，对17677位家长的基本信息（包括亲子关系、学历、孩子就读年龄等）进行分析。17677例调查对象中，女性家长占多数，有13928位，占比78.79%，男性家长仅有3749例，占21.21%，这说明女性家长更关注幼儿园的情况，成为幼儿园教育的主要参与者。

家长的文化程度分布上，大专最多，占26%，其次为本科，占25%，博士最少，仅占0.27%（附图3-16）。从家庭中孩子的数量情况来看，大多数孩子是家里的独生子女，部分家庭是二孩家庭，只有极少部分的家庭有三个孩子。由此可以看出，独生子女家庭居多。在孩子就读年级的数据中，在佛山公办幼儿园未开设学前班和小小班的情况下，占比最高的选项为"中班"，最低的选项为"学前班"（附图3-17），结果显示，小班、中班、大班的家长参与情况较平均。

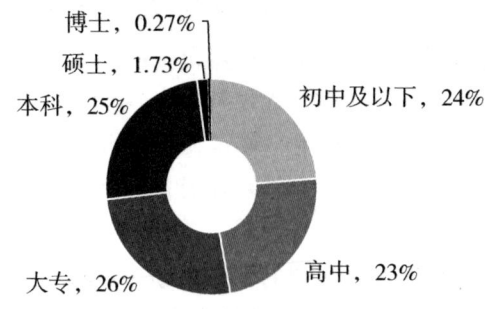

附图3-16　被调查的家长的学历结构

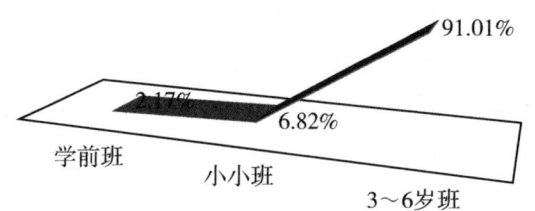

附图3-17 被调查幼儿的年龄分布

被调查的幼儿所在幼儿园的性质属于民办的比例大于公办，就读于市、镇区域的幼儿园的幼儿所占比例大于就读于城郊区域和乡村的幼儿园（附图3-18）。调查对象的结构组成会影响调查研究的结果。

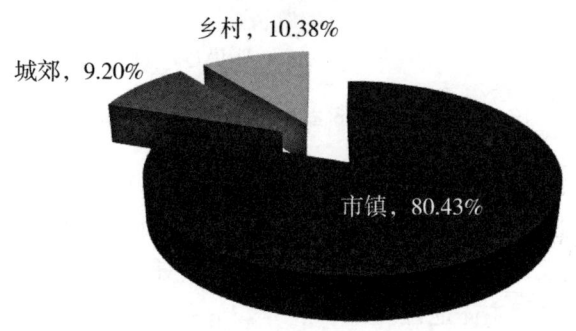

附图3-18 被调查幼儿就读的幼儿园所处地域

（一）情况分析

1. 陪伴情况

从调查数据来看，在陪伴孩子的时间上，最多的家长选择了在吃晚饭或睡觉的时候陪伴孩子，部分家长选择了利用周末和孩子在一起，还有部分家长选择在幼儿园亲子活动或其他活动的时间陪伴孩子。由此可以看出，家长和孩子在一起的时间以在家陪伴为主，幼儿园仍需要多组织亲子活动，增强亲子间的感情交流。调查显示，超过半数的孩子在家里由妈妈照看，部分孩子由奶奶、姥姥、爸爸、爷爷、保姆照看。可见，妈妈们更愿意自己带孩子，孩子的母亲及祖辈参与较多，但是父亲在养育幼儿过程中并没有成为一种主要角色。

2. 对《3～6岁儿童学习与发展指南》的了解程度

对《3～6岁儿童学习与发展指南》的了解能反映两期三年行动计划中，《3～6岁儿童学习与发展指南》落地家庭教育的情况。但从调查数据来看，《3～6岁儿童学习与发展指南》的推行似乎并不乐观。

在"对《3~6岁儿童学习与发展指南》了解程度"调查中,"听说过"的居首位,"不知道"的居第2位,"比较熟悉"的居第3位(附图3-19)。结果显示,仍有一部分家长不知道《3~6岁儿童学习与发展指南》,可以看出家长对文本及理论知识的认识不够,需要幼儿园引领家长熟知和理解《3~6岁儿童学习与发展指南》,并积极运用于家庭育儿过程。

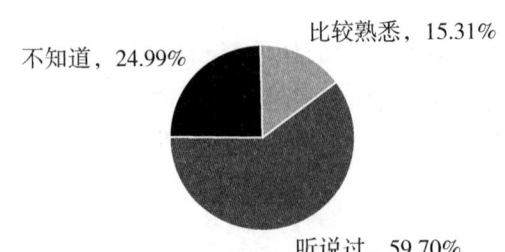

附图3-19　家长对《3~6岁儿童学习与发展指南》的了解程度

在"认为教育不好孩子,谁最应该负责任"调查中,选择"家长"的居首位,选择"社会"的居第2位,选择"幼儿园"的居第3位。结果显示,家长认为教育不好孩子,自己最应该负责任,可见家长认可家庭教育在幼儿教育中占据主体地位。

3. 作为家长,您清楚孩子所在幼儿园的课程安排吗

在"作为家长,您清楚孩子所在幼儿园的课程安排吗"调查中,选择"清楚"的居首位,选择"不太清楚"的居第2位,选择"非常清楚"的居第3位(附图3-20)。结果显示,家长对孩子所在幼儿园的课程安排有所了解,但缺乏对幼儿课程进一步的深化认识,说明幼儿园课程安排的宣传力度还不够,家长对课程安排也缺乏主动关心。

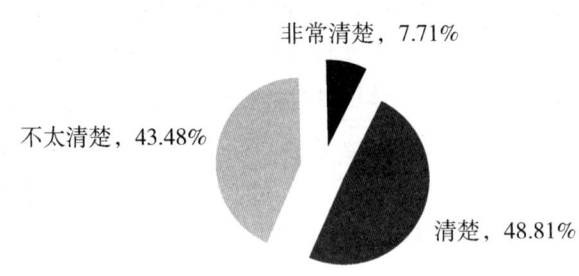

附图3-20　家长对幼儿园课程安排的了解情况

4. 一般情况下,您最想了解孩子在幼儿园的什么情况

在"向老师了解自己孩子在幼儿园里的情况"调查中,选择"偶尔"的居首位,选择"经常"的居第2位,选择"从未"的居第3位。结果显

示，家长与教师沟通少，弱化了与教师之间的沟通，就不能及时地对孩子的情况进行了解。调查中发现，家长最想了解孩子在幼儿园的情况中，选择"行为习惯"的有 11153 名家长，占总数的 63.09%；选择"生活习惯"的有 3947 名家长，占 22.33%；选择"学习情况"的有 11253 名家长，占 12.93%；选择"其他"的有 291 名家长，占 1.65%（附图 3-21）。结果显示，家长对孩子在幼儿园情况的了解，更多的是关注孩子行为习惯和生活习惯的培养，较少家长强调学业技能方面，说明家长的教育观念有所更新。

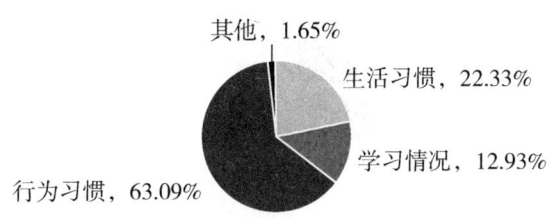

附图 3-21　家长最想了解孩子的在园情况

5. 您觉得幼儿园最应该教孩子什么

调查显示，"孩子游戏就是在学习"调查中，选择"同意"的占总数的 59.04%，选择"基本同意"的占 31.03%。由此可以看出，家长们基本认可游戏是人在幼儿期最主要的活动形式。数据显示，认为幼儿教师也是一项专业性工作的家长占总人数的 95.67%，说明绝大多数的家长认可幼儿教师的专业性，对幼儿教师的工作预期度高。

在"幼儿园最应该教孩子什么"调查中，选择"生活习惯"的居首位，选择"发展兴趣"的居第 2 位，选择"拼音、写字"的居第 3 位（附图 3-22）。由此说明，在幼儿园阶段，学习技能的培养当前已经不是家长重点关注的方面，大多数家长注重幼儿生活技能的获得。在对"幼儿园最应该教孩子什么"方面，有些家长还存在片面追求知识技能掌握的现象，

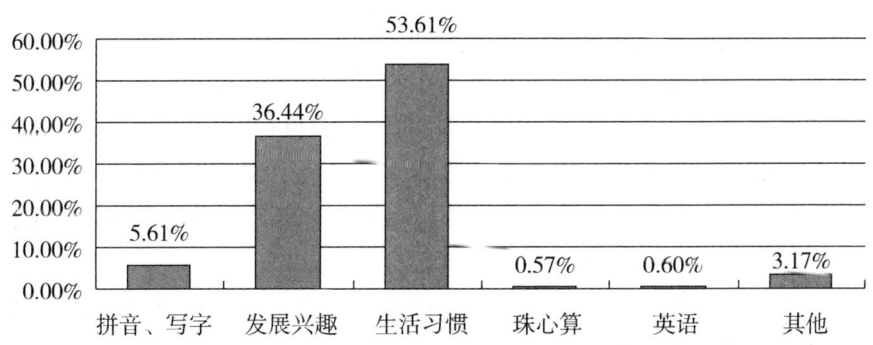

附图 3-22　家长认为幼儿园最应该教孩子什么

表现出知识本位的特点。

6. 您认为做一名合格、专业的家长最重要的途径是什么

在"家长通过何种途径获得经验"调查中，近48%的家长倾向于"多听相关讲座或经验介绍"，33%的家长选择"参加幼儿园的活动"，19%的家长愿意"看育儿书"（附图3-23）。说明家长们更倾向于经验类介绍或是通过实践活动成为合格、专业的家长，而不太愿意通过理论著作来获得专业知识。

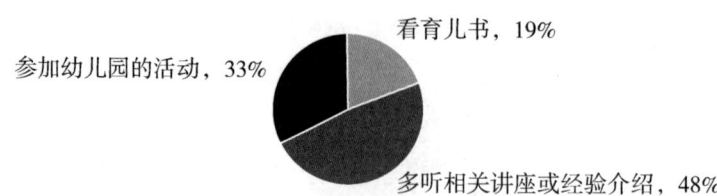

附图3-23　家长通过何种途径获得经验

（二）调查结论

通过调查发现，幼儿家长参与幼儿园课程的现状及问题主要表现在以下三个方面：

第一，幼儿家长参与幼儿园课程的单向性。单向性指教师单方面的传授，家长被动地接收，两者之间缺少互动和交流，家长没有加入与教师的互动和交流。很多情况下，家长对幼儿园教育的参与是通过家长集体的参与来实现的，这些活动往往通过讲座这种形式来进行，互动性不强。当个别家长来幼儿园参与活动时，教师往往没有明确的指导，任由家长盲目活动。这时，家长不知道如何参与到活动之中，就只能与自己的孩子互动，导致家长的参与行为偏离了预定的"轨道"，为正常教学秩序的展开带来消极影响。

第二，幼儿家长参与幼儿园课程的任务性。一些家长的参与意识十分薄弱，他们并不认为自己应当主动参与幼儿园的教育活动，只是被动地完成幼儿园布置的"小作业"。家庭和幼儿园的良好配合，不仅需要幼儿园积极主动地和家长沟通，创造家长参加幼儿园教育活动的机会，而且需要家长自己的努力，提高自身的参与意识，主动寻求参与机会。幼儿家长很多时候只是完成任务，也就是教育当中的形式主义，而忽视了参与活动的本质和目的。还有家长把一些亲子小作业作为幼儿园的硬性指标来完成，至于参与效果则无法顾及。

第三，幼儿家长参与幼儿园课程的非自觉性。有的家长在参与中只是

"旁观者"和"欣赏者"。这也体现出这类型家长的参与能力不足,参与教育的能力十分匮乏,不了解如何参与活动,也意识不到要参与到活动之中。家长提高自我参与意识的关键,不仅在于和幼儿园的沟通联系,更在于要经常和周围的家长、教师沟通教育理念,共享教育信息。家长要转变教育理念,主动寻求参与机会。